Qiche Pengzhuang Shigu Chakan yu Dingsun Shiwu

汽车碰撞事故查勘与定损实务

李景芝 赵长利 编著

人民交通出版社

内 容 提 要

本书介绍了汽车碰撞事故查勘、定损、保险欺诈识别等与保险公司查勘、定损、核赔岗位实际工作直接相关的内容。

本书可作为财产保险公司、保险公估公司车险查勘、定损、核赔岗位员工的培训和自学教材，也可作为本科院校、高职院校汽车保险理赔专业的教学用书，还可作为汽车估损师、旧机动车鉴定评估师、汽车事故鉴定机构人员、4S 店中从事保险理赔工作岗位者以及广大车辆使用者的参考用书。

图书在版编目（CIP）数据

汽车碰撞事故查勘与定损实务 / 李景芝，赵长利编著．—北京：人民交通出版社，2009.1

ISBN 978-7-114-07561-2

Ⅰ．汽…　Ⅱ．①李…②赵…　Ⅲ．汽车保险－理赔－中国　Ⅳ．F842.63

中国版本图书馆 CIP 数据核字（2009）第 006764 号

书　　名：汽车碰撞事故查勘与定损实务
著 作 者：李景芝　赵长利
责任编辑：谢　元　范　坤
出版发行：人民交通出版社股份有限公司
地　　址：（100011）北京市朝阳区安定门外外馆斜街 3 号
网　　址：http://www.ccpress.com.cn
销售电话：（010）59757973，85285656
总 经 销：人民交通出版社股份有限公司发行部
经　　销：各地新华书店
印　　刷：北京市密东印刷有限公司
开　　本：850×1168　1/32
印　　张：6.75
字　　数：182 千
版　　次：2009 年 3 月第 1 版
印　　次：2016 年 7 月第 4 次印刷
书　　号：ISBN 978-7-114- 07561- 2
印　　数：7001–9000 册
定　　价：12.00 元
（有印刷、装订质量问题的图书由本社负责调换）

前　言

汽车保险在我国财产保险市场上占有重要的地位，其保费收入约占财产保险保费总收入的2/3，是各家财产保险公司的支柱险种，也是各家财产保险公司宣传企业与产品的重要窗口。因此，汽车保险已成为各家财产保险公司开展业务的“必争之地”。

理赔是汽车保险业务的售后服务工作，其质量好坏，直接影响着保险公司赔付额度的多少和广大被保险人对保险公司服务质量认可的程度，间接影响保险公司以后的业务承保数量和客户续保的积极性。因此，各家保险公司均十分重视理赔工作的质量。

查勘与定损是理赔工作中的重要环节，是保险事故证据收集、准确立案、查明原因、认定责任、确定损失的重要手段，是保险理算、确定赔偿数额的重要依据。因此，查勘与定损在事故处理中具有非常重要的地位。

汽车保险事故有多种类型，如碰撞事故、盗抢事故、水灾事故、火灾事故等，而碰撞事故在所有汽车保险事故中是发生概率最多的一类，也是保险公司查勘定损人员面临最多的一类案件。

我国汽车保有量的快速增长促进了国内汽车保险业的飞速发展，同时也导致了汽车事故的增多，这就要求保险公司必须快速扩容理赔队伍，增加查勘定损人员数量。而进一步提高查勘定损人员的技术素质是做好理赔工作的基本前提，也是每个保险公司非常重视的头等大事。为此，本书作者根据多年来对多家保险公司、保险公估公司车险人员的培训心得，编写了该书，以期对广大车险从业人员的业务素质提高有所帮助。

本书有以下特点：

1. 对汽车碰撞事故的查勘、定损、保险欺诈识别内容的介绍非常详细、专业、实用。尤其是对保险欺诈的产生、表现形式、识别技巧阐述得十分具体。

2. 书及光盘中配有近千幅真实的事故图片，比较全面的汽车维修工时定额，查勘过程与技巧的视频材料，图文并茂，讲解清晰，便于学习。

3. 书及光盘中列举了很多典型案例，理论联系实际，具有很强的实操性，同时学员可通过书中案例的讲述和评析进一步领悟内容。

本书由山东交通学院李景芝、赵长利编著。具体分工如下：第1、2、4章由赵长利编写，第3、5章由李景芝编写，视频材料由中华联合财产保险股份有限公司山东分公司刘恩猛编导。全书由李景芝统稿。

本书在编写过程中，得到了太平洋财产保险股份有限公司山东分公司、深圳民太安保险公估有限公司、中国人民财产保险股份有限公司山东分公司、大地财产保险股份有限公司山东分公司、平安财产保险股份有限公司山东分公司、中华联合财产保险股份有限公司山东分公司、渤海财产保险股份有限公司山东分公司、天平汽车保险股份有限公司山东分公司等的大力支持和帮助，在此谨表谢意。同时，还参考了许多国内出版的书籍、报刊和网站的相关内容，以及部分保险公司的培训内容，在此对原作者、编译者表示由衷的感谢。

目 录

第1章　汽车保险理赔概述

1.1　汽车保险业概述

自改革开放特别是我国加入WTO以来，国内经济建设取得了重大的成就，呈现出快速发展、平稳增长的良好态势。这为我国保险业的发展提供了良好的条件，具体表现为保费收入大幅度增长（图1-1)。根据《中华人民共和国保险法》（以后简称《保险法》）第九十二条规定，保险业实行分业经营的原则，即同一保险人不得同时兼营财产保险和人身保险两项业务。因此，图1-1分别给出了我国近几年财产保险业和人身保险业的保费收入。

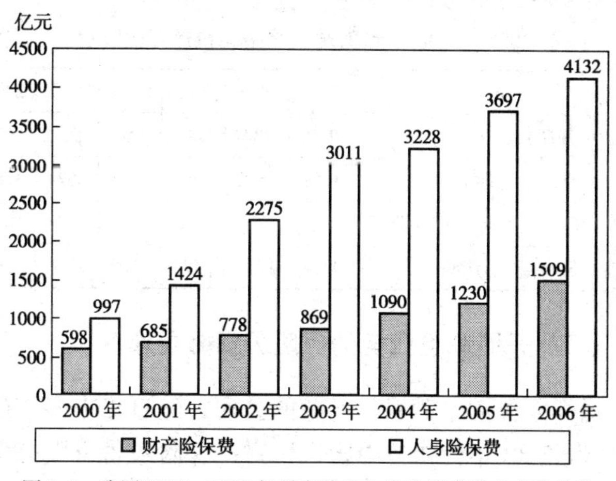

图1-1　我国2000—2006年财产险和人身险保费收入变化趋势

汽车保险是指以汽车为保险标的，保障汽车本身因自然灾害或意外事故导致损失，及汽车所有人或其允许的合格驾驶人因使用汽车发生意外事故所负责任的一类保险。可见，汽车保险隶属财产保险范畴，是保险业与汽车业结合而产生的边缘学科，其发展受保险业大环境的影响，更与汽车工业的发展息息相关。

我国汽车保险业发展快速，局面喜人，具体表现在以下方面。

1.1.1 车险业保费收入增长迅速

近年来，随着汽车保有量的增多（表1-1），全国承保的机动车辆迅速上升，保费收入也大幅度上升，具体数字分别为：2000年373亿元；2001年422亿元；2002年472亿元；2003年545亿元；2004年744亿元；2005年855亿元；2006年1108亿元。

汽车保有量是影响车险保费收入的重要因素之一。从表1-1可见，私人汽车保有量增长迅速，这影响汽车保险业的投保结构。过去，车险客户以机关单位、企事业单位居多，现在已变成以私家车主居多。客户对象的变化，要求保险公司必须调整服务内容和提高服务水平。

2002—2006年我国汽车产量和机动车保有量 表1-1

年　份	2000	2001	2002	2003	2004	2005	2006
汽车产量（万辆）	207	234	325	444	507	570	728
民用汽车保有量（万辆）	1609	1802	2053	2383	2694	3160	3697
民用汽车中私人汽车保有量（万辆）	625	771	969	1219	1482	1848	2333
其他机动车保有量（万辆）	4168	4724	6174	7109	7786	8595	8798

1.1.2 开展车险业务的保险公司数量增多

我国开办机动车辆保险业务的公司，经过二十多年的发展，已由20世纪80年代初的中国人民财产保险股份有限公司一家，发展到现在的几十家。目前，大多数产险公司都开展车险业务。其中，天平汽车保险股份有限公司是中国第一家全国性的专业汽车保险公司，经中国保险监督管理委员会批准于2004年底成立，公司总部设在上海浦东；而法国安盟保险公司、日本爱和谊保险公司、韩国现代财产保险有限公司等外资公司的加入，表明根据入世的协议，国际大型保险公司已开始抢滩中国，国内保险业的竞争将进一步加剧。

1.1.3 为车险服务的保险中介机构增多

保险中介主要是指保险代理人、保险经纪人、保险公估人，这三类保险中介由于具有专业化、技术强、服务好的特点，适应了保险业结构调整和保险市场化发展的需要，近几年发展迅速。2002年末，我国专业保险中介机构仅有114家，到2006年末迅速增加到2110家，其中保险代理机构1563家，保险经纪机构303家，保险公估机构244家。保险公估机构的发展与介入，对汽车保险理赔质量的提高是一个促进。

另外，保险咨询公司、保险索赔公司等也如雨后春笋般出现。这些中介机构的出现，进一步维护了被保险人合法权益，促进保险市场朝着健康、公平和平衡的方向发展。

1.1.4 车险已成为财产保险公司的最主要业务

我国近几年财产保险保费收入与机动车辆保险保费收入情况见表1-2。历年机动车辆保险保费收入均占财产保险总保费收入的60%以上，机动车辆保险已成为各财产保险公司的“支柱险种”，其经营的好坏直接关系到整个财产保险业的经济效益。

我国2000—2006年财产保险保费收入与汽车保险保费收入情况 表1-2

年　份	2000	2001	2002	2003	2004	2005	2006
财产保险保费收入（亿元）	598	685	778	869	1090	1230	1509
机动车辆保险保费收入（亿元）	373	422	472	545	744	855	1108
机动车辆保险保费收入占财产保险保费收入的比例（%）	62	62	61	63	68	69	73

1.1.5 车险业创新不断

首先，从车险营销方式上，部分保险公司推出了电话营销，并推出了适合于电话营销的专业商业车险条款。虽说我国目前业务员销售、4S店等中介渠道依旧是车险销售的主渠道，但电话营销是一种发展趋势，可节省客户投保费用。而在保险发达的国家中（如美国、英国等），电话车险已是最主要的销售方式，英国有超过50%的车主选择电话投保。

其次，产险与寿险实行交叉销售。产寿险交叉销售是指经营范围不同的产险公司与寿险公司，可以利用自身的业务渠道，相互代理销售对方的保险产品，并提供相应服务，以实现资源共享。交叉销售是近年保险营销领域的一场变革，已成为国际保险业一种先进的销售机制，其作用是利于双方。对寿险公司而言，可以通过产险客户资源增加寿险保费收入；对产险公司而言，可以通过寿险销售的完善网络和销售队伍，向寿险客户销售产险产品，节省了销售成本，降低了营销费用，同时能改善专业化服务形象，增强同业竞争能力；对消费者而言，可以通过向客户提供一站式服务，提升客户满意度，增加客户忠诚度。因此，通过互动合作，产险与寿险可实现优势互补、资源整合、提升企业形象、培育客户忠诚度，拓宽各自的业务领域，是一种新型的保障企业可持续发展的模式。

第三，为规范市场秩序，许多城市建立了“新车共保中心”。“新车共保中心”是指各财产保险公司在保险行业协会牵头下组建的经营新车保险服务的机构。“共保中心”对抵抗保险的恶性价格竞争、维护保险人和客户利益具有重要意义，是保险业的一种服务创新举措。

第四，利用交强险销售网络，全面征缴车船税。《中华人民共和国车船税暂行条例》（2007年1月1日起施行）规定：从事机动车交通事故责任强制保险业务的保险机构为机动车车船税的扣缴义务人，应当依法代收代缴车船税，税务机关付给其代缴手续费。车船税和交强险两项内容都是强制性的，在交强险保单内增添缴纳车船税的内容，使二者结合在一起收取，方便了车主。

1.1.6 车险业产品种类日益丰富

从车险条款的制订与完善来看：1985 年，我国首次制订车险条款；保监会 2000 年颁布《机动车辆保险条款》；2003 年，为适应保险市场化，要求各保险公司制定自己的条款，报保监会备案；2006 年，推出交强险条款，同时推出商业险的 A、B、C 三套主险条款；2007 年，保险行业协会又重新对商业险的 A、B、C 三套条款进行修正和补充。

从商业车险产品的常用险种来看：险种分主险和附加险两部分，附加险是对主险保险责任的补充，不能单独承保，必须投保相应主险后才能承保。常用主险险种有：机动车第三者责任保险、家庭自用汽车损失保险、非营业用汽车损失保险、营业用汽车损失保险、特种车保险、摩托车拖拉机保险、车上人员责任险、机动车盗抢保险、机动车提车保险等。常用附加险种有：玻璃单独破碎险、自燃损失险、车身划痕损失险、可选免赔额特约条款、新增设备损失保险、发动机特别损失险、机动车停驶损失险、代步机动车服务特约条款、更换轮胎服务特约条款、送油及充电服务特约条款、拖车服务特约条款、换件特约条款、随车行李物品损失保险、新车特约条款、车上货物责任险、交通事故精神损害赔偿责任保险、教练车特约条款、油污污染责任保险、机动车出境保险、异地出险住宿费特约条款、不计免赔率特约条款、起重装卸挖掘车辆损失扩展条款、特种车辆固定设备及仪器损坏扩展条款、多次出险增加免赔率特约条款、约定区域通行费用特约条款、指定专修厂特约条款、租车人人车失踪险条款、法律费用特约条款等。

从商业车险产品的推陈出新来看：除以上常用险种之外，新的产品不断增加，如车灯及倒车镜单独损坏险、玻璃膜损坏特约条款、随车携带宠物犬损害险、事故附随费用特约条款（包括临时交通费和临时住宿费）、零部件及附属设备被盗窃险、机动车全车盗抢未遂损失险等。

1.1.7 车险产品的费率厘定更加合理

从我国机动车辆保险费率改革的演变过程看：2003 年 1 月 1 日前，保监会在全国范围内实行统一的车险费率；自 2003 年 1 月 1 日起，各家保险公司自主制定条款和费率，报保监会备案即可；2006 年 7 月，推出交强险，全国价格统一。同时推出商业险 A、B、C 三套条款，各保险公司从中选择一套执行，并自行开发附加险条款，所以此时各公司主险的费率基本一致，附加险的费率差别较大；2007 年 4 月，保险行业协会对已有的商业险 A、B、C 三套条款进行完善，对主要的附加险也进行了统一，此时主险、主要的附加险费率都基本一致，只有其他的附加险费率由各公司自行制定；2008 年 2 月，交强险责任限额调整，价格有一定幅度降低，与此相对应，商业车险的价格也进行了调整。总之，我国机动车辆保险费率变革的目的是逐步实现市场化费率。

从费率厘定的考虑因素看：已将从前单一的“从车费率模式”改为综合多种因素的“从车从人从地域的费率模式”，并且其厘定费率的参考依据越来越科学。如 2007 年 9 月 7 日，中国人民财产保险股份有限公司与中国汽车技术研究中心在天津正式签署了战略合作协议，使得汽车保险费将与 C－NCAP（中国新车评价规程）评价星级相挂钩，今后星级越高的车，保险费就会越低。

1.1.8 交强险日益完善

《中华人民共和国道路交通安全法》（2004 年 5 月 1 日实施）在法律上明确了汽车责任保险的强制性。《机动车交通事故责任强制保险条例》（自 2006 年 7 月 1 日起施行，见光盘中的附录4）的实施标志着我国汽车保险业的发展进入了一个崭新的阶段。在随后两年多的时间中，交强险不断完善，更加符合市场的实际需求。

1.1.9　车险服务增加

在主要险种价格趋同的情况下，各保险公司为了展开竞争，纷纷增加服务项目，如：实行24小时咨询服务、承保服务、理赔服务、紧急救援、提醒服务等一整套服务项目；出险30分钟内赶到现场，简化理赔手续，缩短理赔周期，小额赔款当日赔付等。除此之外，有的保险公司还推出赠阅汽车地图或杂志、提供代步车、代办车辆检测与维修、帮助联系代驾等服务项目。

1.1.10　开始关注车险业产业链发展

汽车保险产业链是指以汽车保险为中心，由不同业态主体组成的产业链条，包括产业链前端的汽车厂商、汽车销售商、各保险专业和兼业代理机构、经纪公司以及产业链后端的保险公估公司、律师事务所、医院、汽车修理商等。

汽车保险产业链各主体间加强合作，整合产业链资源，实现汽车保险产业链上各主体和谐可持续发展是非常必要的。同时，要明确产业链各环节的合理利益区间，树立合作共赢、互相支持、彼此促进、协同发展的理念，促进汽车保险产业链的进一步发展。

1.2　汽车保险理赔概述

1.2.1　汽车保险理赔的含义

汽车保险理赔是指保险车辆在发生保险责任范围内的损失后，保险人依据保险合同对被保险人提出的索赔请求进行处理的行为，如图1-2所示。汽车保险理赔涉及到保险合同双方的权利与义务的实现，是保险经济补偿功能的具体体现，也是保险经营的最后环节。

图 1-2 汽车事故的报案与理赔

理赔的前提是事故损失的出现，但损失往往不等于赔偿额。这是因为：投保汽车在发生风险事故后，被保险人发生的经济损失有的属于保险责任范围，有的则属于责任免除范围。即使被保险人的损失属于保险责任，由于免赔率、免赔额、不足额投保等，损失额也不一定等于保险人的赔偿额。

1.2.2 汽车保险理赔的意义

汽车保险理赔质量的好坏，取决于保险人理赔案处理的效率和是否真正履行了保险合同的约定，这关系到保险合同双方当事人的利益。比如，对保险人而言，理赔质量直接影响赔付率高低和公司信誉；对被保险人而言，理赔质量直接决定其受到补偿的程度。所以，理赔是整个汽车保险过程中非常重要的一环，保险人应谨慎处理理赔事宜，使其对双方都有积极意义。

1.2.2.1 理赔对投保人（被保险人）的意义

（1）车险理赔能使被保险人的车辆事故损失得到充分补偿。汽车保险的基本职能是损失补偿，当保险车辆发生事故后，被保险人就会向保险人索赔，保险人则应根据合同对被保险人的损失予以补偿。因此，通过理赔，被保险人可享受保险所提供的基本保障，不至于因事故的出现而影响自身及家庭的生活水平。

（2）车险理赔能使被保险人顺利履行对第三者的赔偿责任。

在意外事故中，除了出现车辆自身的损坏外，还经常导致第三者的财产损失和人身伤亡，此时，被保险人应负民事赔偿责任，且赔偿一般比较多，尤其是有人身伤亡的事故。如果没有保险的保障，被保险人很难轻松、完全地履行赔偿责任，致使受害者的利益得不到充分保障，甚至出现因费用不足而耽误抢救时机或停止继续救治等情况。从小处说，这对第三者是非常不公平的，从大处说，此类案例积少成多，就会影响社会的安定与和谐社会的建设。

1.2.2.2 理赔对保险人的意义

（1）车险理赔可帮助保险人发现和检验展业承保质量。例如，通过赔付额度、赔付率等指标，或某类保险事故的发生频率及其统计分析，保险人可以发现保险费率、保险金额的确定是否合理，防灾防损工作是否有效，核保工作是否严格，核保依据是否科学，从而进一步改进保险企业的经营管理水平并提高经济效益。

（2）车险理赔可帮助保险公司提高知名度。当前，我国开展汽车保险业务的保险公司有数十家，且各公司的车险产品种类都有几十个，客户究竟选择哪个保险公司，这与保险公司的企业形象有很大关系。而汽车保险的被保险人涉及各行各业，人数众多，正是保险公司向社会各界宣传企业形象的重要窗口。在和客户接触的过程中，理赔人员代表公司，应凭着良好的素养、娴熟的技能、文明的行为等给客户留下好印象，进而宣传公司形象，提高企业竞争能力。因此，保险理赔对社会公众认识保险、接受保险至关重要。

（3）车险理赔是保险商品的售后服务环节，能提高保险人的市场竞争力。保险商品的销售具有售前服务、售中服务、售后服务三个方面。售前服务包括展业的宣传、为客户提供风险管理的建议等；售中服务包括保险人对保险标的安全维护建议、防灾防损建议等，比如，保险人对客户定期进行车辆检测与维护提示、雨雪天气小心驾驶提醒、遇到雹灾的合理躲避方法、汽车火灾的防范与施救等。售后服务包括现场查勘、定损、理算、赔款等，售后服务质量的好坏，是许多客户选择保险公司的一个重要依据。

（4）识别保险欺诈。保险欺诈的最终目的是获取赔偿，该目的只有通过理赔才能实现。理赔人员通过加强查勘、定损、核损等，可有效识别保险欺诈，为保险公司挽回经济损失。

（5）发现商机，促进保险经营。目前，我国汽车经销多为4S店模式，大多数车主都是从4S店购买车辆，又在定点4S店维修。4S店的维修工时费及零配件价格比普通修理企业要高，为此，保险公司在车辆承保时通过提高保费来保证车险的经营。通过对大量事故的理赔可发现，产生事故较多的多为驾龄较短且购车时间不长的驾驶人，因此，保险公司可尝试与4S店合作，对新车购买人员进行安全驾驶及事故施救方面的培训，进而减少交通事故的发生或损失的扩大。4S店将此作为增值服务，可提高汽车的销售量；而保险公司由于保险事故减少、赔付率下降可降低4S店车辆的保费，从而增强保险产品的市场竞争力。

1.2.3 汽车保险理赔的特点

1.2.3.1 汽车流动性大

汽车经常处于移动状态，这就导致机动车发生事故的地点和时间具有不确定性，所以保险公司必须拥有一个全天候的报案受理机制和庞大而高效的查勘定损网络来支持其理赔服务，做到随时随地都能接受报案并予以及时处理。

1.2.3.2 损失频率高且损失额较小

车辆出险的特点是：频率高损失小，如2006年我国共发生道路交通事故378 781起，直接财产损失14.9亿元，平均每1.4

分钟发生一起交通事故，每起事故损失3933元。虽然事故平均赔偿金额不大，但保险公司为此付出的相关费用却比较多。同时，虽然个案的赔偿金额不大，但由于事故数量多，其总赔款仍很可观，这就要求理赔人员对每个案子均应做到准确合理地赔偿，不能因为每起事故赔款数额不大，就疏忽大意、不精确估损。

1.2.3.3 道德风险普遍

欺诈频发是机动车保险管理的一大难题，主要原因是机动车保险具有标的流动性强、保险信息不对称、保险条款不完善、法律环境不健全等，给不法之徒以可乘之机。

公众对保险欺诈的错误认识也是导致欺诈现象比较普遍的原因之一。当前，许多公众对保险了解不多，法制观念淡漠，根本不认为保险欺诈是一种犯罪行为，甚至认为是一种比较正常地取回保费的一种手段，即使被保险公司识破，也认为是一种可以原谅的过错，对其社会声誉没有什么损害。

近年来私家车大幅度增加，一些车主想通过保险获得额外补偿的心理预期有所膨胀，所以，会请求同事、朋友和亲属等为自己骗赔做伪证，这也是欺诈案件增多的原因之一。

近年来，机动车保险理赔工作难度逐渐加大，主要原因是：汽车制造技术日趋完善，汽车电器元件增多，汽车结构更加复杂、先进，再加上许多事故中掺杂复杂难辨的人为因素。而一些理赔人员没有及时调整、充实、提高自己，靠吃老本工作，靠“传统经验”理赔，所以不能有效识别欺诈现场，这对欺诈分子也是一种纵容。

1.2.3.4 受制于维修企业的程度较大

车辆损失以维修为主，维修企业在车险理赔中扮演着重要角色。一旦因修理价格、工期和质量等出现纠纷时，被保险人会将保险公司和维修企业一并指责，认为是保险公司的服务质量差。事实上，保险公司只负责损失补偿，对事故车辆的维修质量应由维修企业负责。

1.2.3.5 被保险人的公众性

我国机动车保险的被保险人以前主要是企事业单位，现在私家车主的比例逐年增加。由于这些被保险人文化、知识、修养差异较大，再加上他们对保险、交通事故处理、车辆修理等方面知识的匮乏，使得他们购买保险具有较大的被动色彩。另一方面，由于利益驱动，使得查勘定损及理赔人员在理赔过程中与其交流时存在较大障碍，所以要求保险人对每件案子都提供较高的服务质量，不仅是技术上的，甚至包括条款解释、行为举止、其他方面的咨询等。这样，保险人才能做到既对每个案件准确定损、合理赔偿，又能向众多被保险人宣传公司、宣传产品、树立企业形象。

1.2.4 汽车保险理赔的原则

1.2.4.1 认定赔偿责任的近因原则

近因原则是指造成保险标的损失的近因是保险责任范围的，保险人承担损失赔偿责任，否则，保险人不承担损失赔偿责任。

近因原则的运用有以下特点：

（1）单一原因造成事故损失的责任判定。假如造成保险标的损失的原因只有一个，那么，该原因即为近因。如这一原因是保险人承担的风险，保险人就应负赔偿责任，否则，保险人就不负赔偿责任。

（2）多种原因同时造成事故损失的责任判定。如多种原因同时致损，则多种原因均为近因。如这些近因都属保险责任，则保险人应负赔偿责任；如这些近因都不属保险责任范围，则保险人不负赔偿责任；如这些近因中既有保险责任范围内的，也有保险责任范围外的，则保险人首先应分清哪些损失是保险责任范围内的近因造成的，哪些损失是保险责任范围外的近因造成的，属于保险责任范围内的保险人负赔偿责任；否则，不负赔偿责任。如果损失难以划分，则保险人不予赔偿或通过协商比例赔偿。

（3）多种原因连续发生造成事故损失的责任判定。如多种原因连续致损，且具有前因后果关系，那么最先发生并造成一连串事故的原因为近因，此时若前因是保险责任，则保险人应负赔偿责任，否则，保险人不应负赔偿责任；如多种原因连续致损，且后因与前因之间无必然联系，则后因为事故近因，此时，若后因是保险责任，则保险人应负赔偿责任，否则，保险人不应负赔偿责任。

（4）多种原因间断发生造成事故损失的责任判定。在多种原因间断发生时，若有一项新的独立原因介入而致损，则新的独立原因为近因。若新的独立原因为保险责任，保险人应负赔偿责任，否则，保险人不负赔偿责任。

1.2.4.2 影响赔偿额度的补偿原则

补偿原则是指保险标的发生保险责任范围内的损失时，保险人以货币、实物或修复标的等方式赔偿被保险人所受的损失。补偿的最高水平是：使被保险人在经济上恢复到受损前的状态，而绝对不允许被保险人获得额外利益。为此，保险人履行补偿原则时，必须把握3个限度：

（1）保险赔偿以被保险人所遭受的实际损失为限。例如，某汽车投保了车辆损失保险，保险金额100万元。该车出险时，由于车市价格跌落，该车市场价已降到80万元。如果该车发生全损，保险公司只能赔偿80万元，而不能赔偿100万元。

（2）保险赔偿以保险金额为限。如果前例中汽车实际价值为120万元，而被保险人在投保时所确定的保险金额为100万元。当该汽车发生全损时，尽管标的实际损失为120万元，但保险人只能赔偿100万元。

（3）保险赔偿以被保险人对保险标的所具有的保险利益为限。例如，在抵押贷款中，抵押权人对抵押车具有保险利益。如果借款人借入50万元，而他用作抵押的车为100万元。即使抵押权人按100万元投保车辆损失险，那么在抵押车出险时，保险人最多只能赔偿50万元。

1.2.4.3 重复保险的分摊原则

《中华人民共和国保险法》（见光盘中的附录1）第四十一条规定：重复保险的保险金额总和超过保险价值的，各保险人的赔偿金额总和不得超过保险价值。除合同另有约定外，各保险人按其保险金额与保险金额总和的比例承担赔偿责任。即：

$$赔款=\frac{损失金额\times 该保险人的保险金额}{各保险人保险金额的总和}$$

1.2.4.4 由第三者过错导致事故的代位追偿原则

代位追偿是指由于第三者的过错致使保险标的发生保险责任范围内的损失，保险人按照合同约定给付了保险金后，依法取得向对损失负有责任的第三者进行追偿的权利。由此可见，代位追偿权产生的条件有三个：首先，保险标的的损失必须是由第三者造成的，依法应由第三者承担赔偿责任；其次，保险标的的损失是保险责任范围内的损失，根据合同约定，保险公司理应承担赔偿责任；第三，必须在保险人赔偿保险金后，保险人才能取代被保险人的地位与第三者产生债务债权关系。

保险人通过代位追偿得到的第三者的赔偿额度，只能以保险人支付给被保险人的实际赔偿数额为限，超出部分的权利属于被保险人，保险人无权处理。保险人向负民事赔偿责任的第三者行使代位请求赔偿的权利，不影响被保险人就未取得赔偿的部分向第三者请求赔偿的权利。除被保险人的家庭成员或者其组成人员故意造成保险事故外，保险人不得对被保险人的家庭成员或者其组成人员行使代位追偿权利。

1.2.4.5　保险赔付后对保险标的的物上代位原则

《保险法》第四十四条规定："保险事故发生后，保险人已支付了全部保险金额，并且保险金额相等于保险价值的，受损保险标的的全部权利归于保险人；保险金额低于保险价值的，保险人按照保险金额与保险价值的比例取得受损保险标的的部分权利。"所以，物上代位是指保险标的发生保险责任事故遭受损失，保险人在履行了对被保险人的赔偿义务后，代位取得对受损标的的所有权。

1.2.4.6　保险赔偿的重合同、守信用原则

在保险合同中，明确规定了保险人与被保险人的权利和义务，保险合同双方当事人都应恪守合同约定，保证合同的顺利实施。对保险人来说，在处理各种赔案时，应严格按照合同条款，受理赔案、确定损失、及时赔付。

1.2.4.7　保证合同双方均满意的"主动、迅速、准确、合理"原则

"主动、迅速、准确、合理"的八字原则，是保险理赔人员在长期工作实践中总结出的经验，是保险理赔工作优质服务的基本要求，能保证双方对理赔工作的满意。

"主动"是指接到出险通知后，理赔人员应主动热情地受理案件，要积极、主动地进行询问、调查、了解、查勘现场，不等、不靠、不推。态度主动，服务就会热情、细致、周到。

"迅速"是指理赔人员接到出险通知后，及时赶赴事故现场查勘，在索赔手续完备的情况下，尽快赔偿被保险人的损失，当索赔手续不完备时，尽快通知被保险人补齐材料，即办得快、查得准、赔得及时。迅速是效率的关键，认真执行这两个字，可以缩短理赔时间，提高被保险人满意度。

“准确”是指在理赔中准确认定责任范围，准确运用免赔率，准确确定损余物残值，准确计算赔付金额，杜绝差错，防止出现同一公司不同理赔人员之间掌握的标准不一样或同一理赔员在不同时间掌握的标准不一样的现象。

“合理”就是要求在理赔工作中，要本着实事求是的精神，坚持按条款办事，同时考虑实际情况，结合具体案情准确定性，合理确定事故责任。

理赔工作的“八字”原则辨证统一，不可偏废。如果片面追求速度，不深入调查了解，不对具体情况作出具体分析，盲目下结论，或者草率处理，则可能会发生错案，甚至引起法律纠纷。当然，如果只追求准确、合理，忽视速度，不讲工作效率，赔案久拖不决，则可能造成极坏的社会影响，损害保险公司的形象。

1.2.4.8 特殊情况下的通融赔付原则

通融赔付是指保险公司根据保险条款和有关法律规定，权衡经营业务得失后，对没有责任赔付给被保险人的损失，放宽赔偿责任而支付赔款的理赔行为。通融赔付往往是为了提高保险公司的长远盈利、声誉和市场竞争能力等而采用的措施，但通融赔付很容易给予理赔人员赔偿的弹性，导致滥赔、乱赔和“人情赔”，所以其必须经有关部门多层审批、从严掌握。

1.2.5 汽车保险理赔的赔偿方式

1.2.5.1 比例责任赔偿方式

比例责任赔偿方式是指按保险金额与保险价值的比例来计算赔偿金额。此种方式主要用于车辆损失类保险中不足额投保时车辆出现部分损失的赔偿。

例如，一保险车辆的新车购置价为15万元，如果所投保车辆损失保险的保险金额为10万元，则为不足额保险。如果该被保险车辆因保险事故发生了部分损失，损失 6 万元，则车辆损失保险将赔偿 6 ×（10/15）=4 万元。

1.2.5.2　限额责任赔偿方式

限额责任赔偿方式是指保险人只承担事先约定的损失额以内的赔偿。此种方式主要用于责任类保险，如机动车第三者责任保险、交强险等险种。

1.2.5.3　免责限度赔偿方式

免责限度赔偿方式是指损失在限度内保险人不负赔偿责任。免赔限度一般分为相对免责限度和绝对免责限度。相对免责限度是指损失程度不超过免责限度时，保险人不负责赔偿；而损失程度超过免责限度时，按全部损失赔偿。绝对免责限度是指损失程度不超过免责限度时，保险人不负责赔偿；而损失程度超过免责限度时，只对超过部分负责赔偿。机动车辆保险条款中一般规定的是绝对免责限度，常见形式有绝对免赔额和绝对免赔率两种。

1.2.6　汽车保险理赔的流程

整个保险理赔过程一般包括：接受报案、现场查勘、确定保险责任、立案、定损核损、赔款理算、缮制赔款计算书、核赔、结案处理、代位追偿等环节。具体流程如图 1-3 所示。

1.2.6.1　接受报案

接受报案是指保险人接受被保险人的报案，并对相关事项做出安排，这是理赔环节的第一步。

保险公司及时受理案件，进行早期调查，容易掌握事故的真实原因，利于尽快确定案件损失，履行赔偿责任。客户及时报案是保险公司及时受理案件的前提。为保障客户的顺利报案，

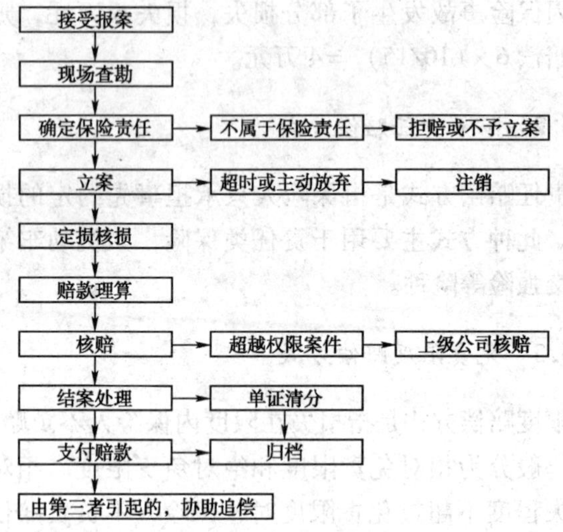

图 1-3　车险理赔流程

保险公司都提供了多种报案渠道，如上门报案、电话报案、传真报案等。其中，电话报案快捷方便，是最常用的报案方式。

保险公司受理案件时，应对报案内容进行记录，主要包括：

（1）报案人、被保人、驾驶人的姓名和联系方式等。

（2）出险的时间、地点、简单原因、事故形态等案件情况。

（3）保险车辆的情况，如厂牌、车型、牌照等。如涉及第三方车辆的，也需询问第三方车辆的车型、牌照等信息，根据这些信息查询第三方车辆是否为同一公司系统内承保的车辆，如果是且在事故中负有一定比例的事故责任，则一并登记，进行报案处理。

（4）保单号码，查询保单信息，核对承保情况。如根据保单信息，查验出险时间是否在保险期限以内、出险时间是否接近保险期限起讫时间、与上起案件报案时间是否比较接近，查明投保人投保了哪些险种、是否存在不足额投保、是否已经交费，核对驾驶人是否为保单中约定的驾驶人，并初步审核报案人所述事故原因与经过是否属于保险责任等。对于明显不属于保险责任的情况，应向客户明确说明，并耐心细致地向客户做好解释工作。对属于保险责任范围内的事故和不能明确确定拒绝赔偿的案件，应登入保险车辆报案登记簿，并立即调度查勘人员赶赴现场，同时通知查勘人员进一步了解有关情况。

1.2.6.2 现场查勘

现场查勘是指运用科学的方法和现代技术手段，对保险事故现场进行实地勘察和查询，将事故现场、事故原因等内容完整而准确记录下来的工作过程。它是分析事故原因和认定事故责任的基本依据。所以，各保险公司均建立了合理的服务网络，配备了完备的查勘工具，有一定数量且经验丰富的查勘人员，保证现场查勘工作的快速、有效。

当保险车辆在外地出险时，保险公司可派自己的查勘人员前往事故现场，也可委托当地保险公司或中介公司进行代理查勘。为加强异地出险的查勘，全国性的大公司均建立了有效的内部运作模式，即“双代案件”（代查勘、代定损）制度。

1.2.6.3 确定保险责任

确定保险责任是指理赔人员经过整理分析已获取的查勘资料，包括查勘记录及附表、查勘照片、询问笔录，以及驾驶证照片、行驶证照片等，结合保险车辆的查勘信息、承保信息、保险条款的有关规定以及历史赔案信息，分别判断事故是否属于商业机动车辆保险和机动车交通事故责任强制保险的保险责任范围。

经查勘人员核实属于保险责任范围的，应进一步确定被保险人在事故中所承担的责任比例，是全部责任？同等责任？主要责任？次要责任？还是无责任？是否为约定行驶区域内的责任？是否为约定驾驶人的责任？是否需向第三者追偿？是否存在重复投保？

对不属于保险责任的，应向被保险人递交拒赔通知书。

1.2.6.4 立案

立案是指现场查勘结束后，理赔人员应在规定时间内，依据出险报案表和查勘记录中的有关内容以及初步确定的事故损失金额和保险损失金额，通过车险业务处理系统进行认真、准确、详实的登记。它是保险人正式确立案件，并对其统一编号和管理的必需步骤。

立案处理时限一般为简单案件应于查勘结束后 24 小时内立案；复杂案件最晚于接报案后 7 日内立案或注销；对报案登记后超过规定时间未立案的案件，管理部门须给予处理。

1.2.6.5 定损核损

定损核损是指理赔人员根据现场查勘情况，认真检查受损车辆、受损财产和人员受伤情况，确定损失项目和金额，并取得核损人员或医疗审核人员的认可。其流程如图 1-4 所示。

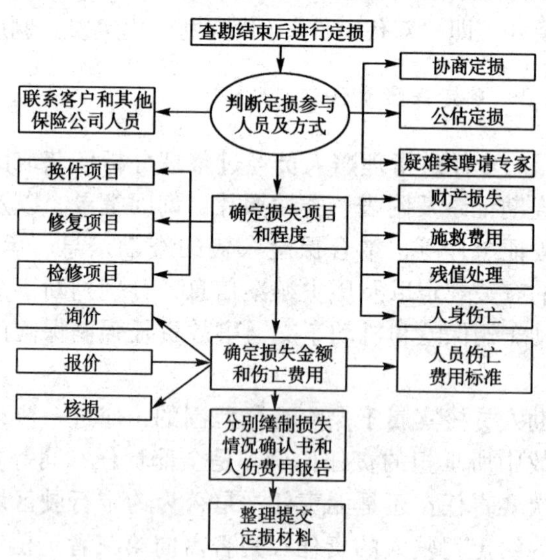

图 1-4 定损核损操作流程

1.2.6.6　赔款理算

赔款理算是指保险公司按照法律和保险合同规定，根据保险事故的定损核损结果，核定和计算应向被保险人赔付金额的过程。它决定保险人向被保险人赔偿数额的多少与准确性。

在赔偿顺序上，交强险是第一顺序，商业机动车保险是第二顺序。因此，交强险与商业机动车保险的赔款理算应分别进行。

交强险将被保险人在事故中承担的责任分为有责和无责两级。如果有责任，不管责任大小，其赔款在死亡伤残、医疗费用、财产损失三个赔偿限额进行计算赔偿；如果无责任，其赔款则在无责任死亡伤残、无责任医疗费用、无责任财产损失三个赔偿限额内进行计算赔偿。

商业保险赔款计算时，按照条款要求应先扣除事故当事方保险公司赔付的交强险赔款，然后在商业险项下进行赔偿。商业险将被保险人在事故中承担的责任划分为全部责任、主要责任、同等责任和次要责任、无责任五个级别，责任比例分别为100%、70%、50%、30%、0。商业保险赔款计算分险种、按公式单独进行，然后累加获得总的赔款金额。

1.2.6.7　缮制赔款计算书

缮制赔款计算书是指制作赔款理算过程与结果的文件。

业务人员对有关单证进行清理，并列出清单录入计算机自动生成赔款计算书。

赔款计算书各项目要齐全，数字要正确，损失计算要分险种、分项目计算并列明计算公式，并应注意免赔率的正确使用。

业务负责人审核无误后，在赔款计算书上签注意见和日期，送核赔人审核。

1.2.6.8 核赔

核赔是指在保险公司授权范围内独立负责理赔质量的人员，按照保险条款及公司内部有关规章制度对赔案进行审核的工作。它是保证保险人进行准确合理赔偿的关键环节，能有效控制理赔风险。核赔流程如图 1-5 所示。

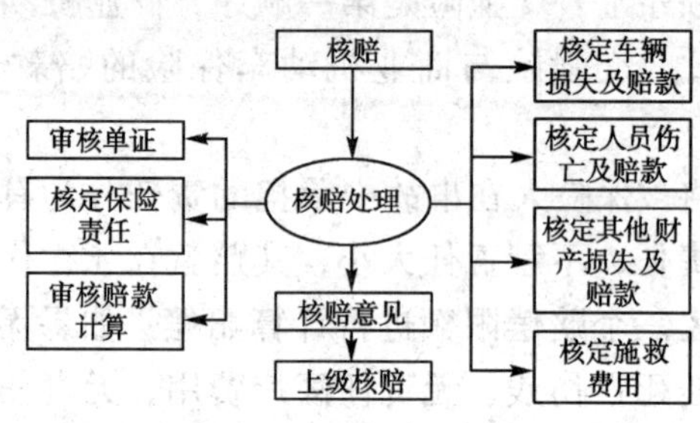

图 1-5 核赔流程

1.2.6.9 结案处理

结案处理是指赔案按分级权限审批后，业务人员根据核赔的审批金额，填发领取赔款通知书，然后通知被保险人领取赔款、财会部门支付赔款，以及对理赔案卷进行整理的工作。它是理赔案件处理的收尾环节。

被保险人领取赔款后，保险人要进行理赔案卷的整理。理赔案卷按分级审批、集中留存的原则管理，并按档案管理规定进行保管，做到单证齐全、编排有序、目录清楚、装订整齐。理赔案卷须一单一卷整理、装订、登记、保管，并按赔案号顺序归档。

1.2.6.10 代位追偿

对个别案件来说，可能保险事故是由第三者引起的，当保险人向被保险人赔款后，可以获得向第三者进行追偿的权利，而被保险人应协助保险人追偿。

保险事故发生后，保险人未赔偿保险金之前，被保险人放弃对第三者的请求赔偿权利的，保险人不承担赔偿保险金的责任。保险人向被保险人赔偿保险金后，被保险人未经保险人同意放弃对第三者请求赔偿的权利的，该行为无效。由于被保险人的过错致使保险人不能行使代位请求赔偿权利的，保险人可以相应扣减保险赔偿金。

第 2 章　汽车碰撞事故现场查勘实务

2.1　现场查勘概述

2.1.1　现场查勘的定义

现场查勘是指运用科学的方法和现代技术手段，对事故现场进行实地勘察和检验，通过分析存留的物证和询问人证等渠道获得事故产生的原因，并采用拍照、绘图等方式将事故结果完整而准确记录下来的工作过程。查勘定损人员所采用的现场查勘技术是否科学、合理，是现场查勘工作成功与否的关键。

2.1.2　现场查勘的意义

现场查勘是保险事故理赔的必要程序，是证据收集的重要手段，是准确立案、查明原因、认定责任的主要方法，是保险赔付、案件诉讼的重要依据。因此，现场查勘在事故处理中具有非常重要的地位。

2.1.2.1　现场查勘是事故处理的起点，是保险赔付的基础

汽车保险理赔工作包含受理案件、现场查勘、损失确定、赔款理算、核赔、赔付结案等多个环节。其中现场查勘是事故处理的起点，只有通过严格细致的查勘，才能对现场各种物证与痕迹等进行分析研究，找到事故发生的客观原因，查明事故真相；只有通过周密的查勘、询问当事人、访问证人等调查活动，才能掌握第一手材料，对案情作出正确判断，辨明事故真伪；只有通过查勘车辆、财产、人员，才能明确事故中车辆的损失部位及程度、财产损失数量、人员伤亡情况。因此，查勘

是分析事故原因、认定事故责任、确定事故损失的基本依据，是保险公司理赔工作其他环节的基础工作，所以现场查勘应公正、客观、严密地进行。

2.1.2.2 现场查勘是收集证据的基本措施

证据是查明事故原因和认定事故责任的基本依据。交通事故是一种纯物理现象，其发生必然引起现场客观事物的变化，留下痕迹。因此，对现场进行细致、反复地查勘，把现场遗留下的各种痕迹物证加以认定和提取，经过检验与核实就成为事故分析的第一证据。

2.1.2.3 现场查勘是宣传公司的窗口

现场查勘人员是代表公司和客户接触，应凭着良好的素养、娴熟的技能、文明的行为等给客户留下好印象，进而宣传公司形象，提高企业竞争能力。

2.1.2.4 现场查勘可有效识别保险欺诈

通过加强第一现场的查勘，可有效识别保险欺诈，进而降低保险赔付，提高经营效益。

2.1.2.5 现场查勘可为其他经营环节发现问题

现场查勘中，可发现保险公司各工作环节有无疏漏，如可检验展业环节有无履行说明义务，核保技术运用是否得当，报案环节对案件的询问、记录是否齐全、正确等。

为此，各保险公司都非常重视现场查勘工作，要求查勘人员接到查勘任务后，应迅速做好查勘准备，尽快赶赴事故现场，会同被保险人及有关部门进行事故现场查勘。同时规定，现场查勘应由两位以上人员参加，并应尽量查勘第一现场。如第一现场已改变或清理，要及时调查了解有关情况。在所有赔案中，第一现场查勘率是一重要考核指标。

2.1.3 现场查勘的目的

2.1.3.1 确定事故的性质

客观、细致的现场查勘可以确定事故的性质是否正常，是否为单纯的交通事故，是否为单方事故，有无第三方责任，有无为骗保而伪造的现象。

2.1.3.2 查明事故情节及要素

通过现场查勘，可确定出险的时间、地点、肇事人员、财产损失等情节，可确定各种痕迹、散落物、附着物等物证，能获得证人、证言等人证，能得到照片、摄像等证据，能知晓现场布局、相互位置、间隔尺寸等信息。

2.1.3.3 确认事故原因

通过对现场周围环境、道路条件的查勘，可了解道路、视距、视野、地形、地物对事故发生的客观影响；对当事人和证人的调查，可确认当事人双方违反交通法规的主观因素。

2.1.4 现场查勘的要求

2.1.4.1 赶赴现场要及时

现场查勘是一项时间性强的工作。要抓住案发不久、痕迹比较清晰、证据未遭破坏、证人记忆犹新的特点，取得证据。反之，到达不及时，就可能由于人为或自然原因，使现场遭受破坏，给查勘带来困难。所以，事故发生后，查勘人员要用最快速度赶到现场。为此，有的保险公司对到达事故现场的时间作了具体规定，如规定查勘人员在接到查勘任务后必须在30分钟之内到达事故现场等。

如果查勘人员赶赴现场不及时，造成48小时内未能进行现场查勘或给予受理意见的，即对造成财产损失无法确定的，以被保险人提供的财产损毁照片、损失清单、事故证明和修理发票作为赔付理算的依据。另外，及时赶赴现场对识别保险欺诈很有帮助。

【案例 2-1】 某个冬天的 12:00 左右，一客户报案称：在一偏僻路段由于驾驶疏忽车辆掉入路边的沟中，车身有一定程度的变形。接案人员询问出险时间时，报案人称出险还不到 3 分钟，自己刚从车中出来，爬到路上就报了案。接案人员受理案件后，马上安排查勘人员进行现场查勘，当时查勘员在公司外面，距离出事地点不到 2 公里，并且对接案人描述的事故地点比较熟悉，所以也没有和报案人联系，就在报案人报案后不到 3 分钟赶到了现场。到达现场后，报案人的神情有些紧张，连称“这么快呀”。查勘人员简单看了看现场后，认为有些疑问，遂打开发动机罩，用手摸了摸发动机，发觉发动机冰凉。于是，一个保险欺诈案件即被识破。原来，客户感觉车身油漆有些暗淡，且有多处划痕，想让保险公司对车辆整形后给予喷漆，所以导演了一个故意将车推入沟中的现场。到达事先选好的地点后，客户查看了一会儿周围环境，又犹豫了一段时间，大约是停车熄火 30 分钟后才把车推入沟中，所以查勘人员的迅速赶到为准确识别该起欺诈提供了有力帮助。

2.1.4.2　查勘过程要细致完备

事故现场往往非常混乱，有时车辆损坏更是惨不忍睹，所以，对现场的查勘一定要做到细致完备，按步骤有序进行，切忌走马观花、粗枝大叶，以免由于一些意想不到的过失使事故变得复杂化。一些年轻的查勘人员，由于经验不够丰富，达到现场后，往往只注意发现那些明显的痕迹证物，容易忽视那些与案件有关的不明显痕迹证物。同时，现场查勘中，一定要坚持客观全面、科学认真的态度，遵守职业道德，尽力防止和避免出现错误的查勘结果。

2.1.4.3　遵守法定程序

现场查勘中，要严格遵守相关法律法规的规定。要爱护公私财物，尊重被访问人的权利，尊重当地风俗，注意社会影响。尤其是有些证人不愿意在一些文字材料上签字，不可强求，应晓之以理进行劝说，如证人实在不同意，也要尊重对方的意愿。

2.1.4.4　查勘人员数量和查勘定损点设置要合理，以便现场查勘工作能有序实施

事故现场随机性很强，而现场查勘工作又时间性强且烦琐细致，所以在人员数量及搭档、查勘定损点的设置等方面需综合考虑，统筹安排，尤其对于重特大事故，查勘工作量大，所需时间长，涉及部门、人员多，有时还要进行一些现场紧急处理（如人员抢救、财物施救、车上货物处理等）。因此，要有统一领导和强有力的临场指挥，才能使查勘工作有序进行。

2.1.5　现场查勘的方法

现场查勘所采用的主要方法有沿车辆行驶路线查勘法、由内向外查勘法、由外向内查勘法、分段查勘法四种。

沿车辆行驶路线查勘法要求事故发生地点的痕迹必须清楚，以便能顺利取证、摄影、丈量与绘制现场图，进而能准确确定事故原因。

由内向外查勘法适于范围不大、痕迹与物件集中且事故中心点明确的出险现场，此时，可由事故中心点开始，按由内向外顺序取证、摄影、丈量与绘制现场图，进而确定事故原因。

由外向内查勘法适于范围较大、痕迹较为分散的出险现场，此时，可按由外围向中心的顺序取证、摄影、丈量与绘制现场图，进而确定事故原因。

分段查勘法适于范围较大的事故现场，此时，先将事故现场按照现场痕迹、散落物等特征分成若干的片或断，分别取证、

摄影、丈量与绘制现场图，进而确定事故原因。

2.1.6　现场查勘的流程

查勘人员在接到查勘任务后，应携带相关资料和工具尽快赶赴现场，开展险情查勘、现场施救、照片拍摄、草图绘制、人员询问等工作，具体流程如图 2-1 所示。

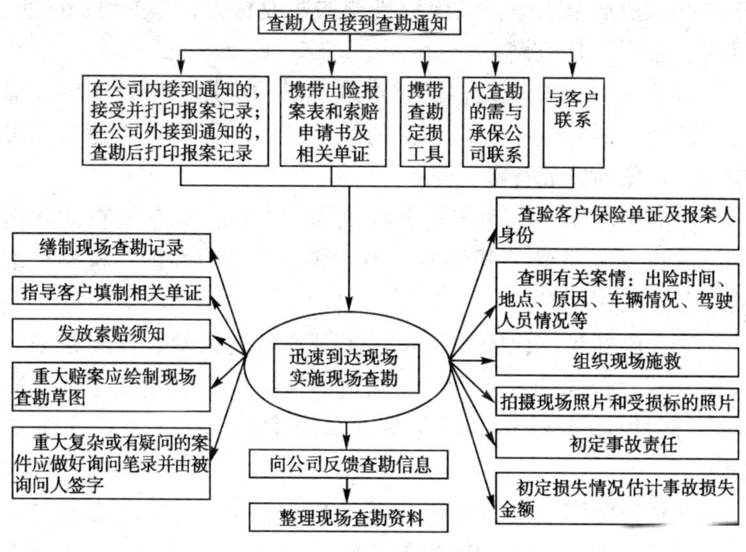

图 2-1　现场查勘操作流程

2.1.7　对现场查勘人员的素质要求及培养

现场查勘工作是保险理赔整体工作中的重要一项，它关系到本次事故是否属于保险事故、保险人是否应该立案、是否应该赔偿以及如何确定赔偿比例等。

2.1.7.1　对现场查勘人员的素质要求

现场查勘涉及众多汽车知识、保险知识、法律知识和事故分析知识，并且查勘人员又是代表保险公司独立外出工作，远离保险公司的管控，对现场查勘人员的素质有下列要求：

（1）良好的职业道德。职业道德是从业人员在职业活动中的行为标准和要求，是本行业对社会所承担的道德责任和义务。查勘的特点是查勘人员独立外出，对事故现场的查勘具有较大的自主空间，且查勘结果直接影响被保险人的经济利益，所以一些被保险人会对查勘人员实施各种方式的利诱，希望虚构、谎报或高报损失，以获得不正当利益。因而要求查勘人员具有较高的职业道德水平，以规范自身的职业行为，“主动、迅速、准确、合理”地查勘。

（2）完善的知识结构。对事故现场的查勘，涉及车辆、保险、法律、事故分析等多方面的知识，查勘人员务必熟悉相关知识，娴熟地开展查勘工作。

①车辆知识。机动车是事故现场的主体，对它的查勘和估损要求查勘人员熟悉其类型、识别码、构造、性能、检测、维修、鉴定与评估等。

②保险知识。保险知识包括车辆的常见风险、保险原则的运用、保险合同的有效性、交强险的保险责任与责任免除、商业车险的保险责任与责任免除、车险索赔流程、查勘实务等知识。

③法律知识。法律知识包括《保险法》、《道路交通安全法》、《道路交通安全法实施条例》、《最高人民法院关于审理人身损害赔偿案件适用法律若干问题的解释》、《交通事故处理程序规定》（见光盘中的附录8）、《汽车报废标准》（见光盘中的附录12）、《人身伤残鉴定》等知识。

④事故分析知识。事故分析知识包括事故类型、成因分析、现场印迹分析、正面碰撞分析、车辆追尾碰撞分析、车辆侧面碰撞分析、车辆倾翻分析、车辆坠落分析等知识。

（3）高超的查勘能力。高超的查勘能力主要包括以下6个方面：

①调查取证能力。搜集物证、询问人证、现场拍照、现场绘图等是查勘人员在现场应开展的工作，其目的是为分析事故

取得重要证据，具体到如何获取这些证据，就需要查勘人员具备调查取证的能力和方法。

②分析判断能力。根据调查取证的结果，综合分析判断事故损失的原因，是否属于保险责任范围，是否按比例赔偿，识别是否存在道德风险和保险欺诈现象。

③损失评估能力。在调查取证和分析判断的基础上，初步判定事故接触部位和碰撞力的扩大范围，进而确定损失清单，区分换件和维修范围，合理确定修理方案。

④灵活处理能力。尽管查勘人员是以事实为依据，以保险合同及相关法律法规为准绳开展工作。但是，有时各个关系方由于利益不同，往往产生意见分歧，甚至冲突。所以，查勘人员应在尊重事实、尊重保险合同的大前提下，灵活处理保险纠纷，尽量使保险双方“求大同，存小异”，使案件得到顺利处理。

⑤撰写报告能力。撰写查勘报告是对现场查勘工作的汇总。要求语言表述要简练、准确，内容完整无遗漏。

⑥车辆驾驶能力。现场查勘要求迅速、及时，这就需要查勘人员具有熟练的驾驶技能和一定的地理位置知识，以便在事故报案后的较短时间内赶到事故现场。

(4）有素的行为规范。有素的行为规范便于人际交往的开展和查勘的顺利进行。一般应注重用语礼貌、合适，行为得体、干练，避免出现不文明行为，如，在查勘过程中，对客户提出的问题，要做到有问必答，谦和有理，热情大方；先等客户把问题说完再耐心细致地进行回答解释；对客户不理解的地方，要详细解释；对客户提出的不合理要求，要进行耐心说服解释，以理服人；遇到客户情绪激动，应耐心安抚，主动致歉，等其情绪平稳后再询问，并按公司相关规定予以处理和解决；提醒客户日后如有疑问可拨打服务热线，等。

禁止出现以下现象：查勘过程中存在不文明的语言行为，如态度生硬、教训他人、烦燥、质问、嘲讽、诘问等不良现象；向客户、修理厂索要和收取各种礼品、礼金、有价证券；在值班期间饮酒；接受与公务有关的客户、修理厂的宴请，等等。

2.1.7.2 对现场查勘人员的培养

培养高素质的查勘人员，是各保险公司人力资源的管理目标。可以采用的主要方式有：

（1）把好人员入口关。查勘工作的质量直接影响赔付，而查勘人员的素质则影响到查勘工作的质量。为此，保险公司应该把好查勘人员的入口关，尽量选择院校毕业生作为补充人员的渠道。

（2）建立系统培训规划，并把培训内容模块化，如把查勘人员需要的知识划分为车辆知识模块、保险知识模块、法律知识模块、典型或疑难案件模块、查勘技术模块等，针对各员工的不足，重点弥补某一模块的内容。

（3）建立查勘资料室。资料可存放新出版的保险书籍、公司集中培训的教案、保险杂志和报纸、保险网站的资料、公司员工收集的典型资料、保险相关法律规章、汽车类书籍等。对新出版的保险书籍重点看其中的新观点；公司集中培训的教案具有专门针对性，可巩固培训效果，也可让没有时间参加培训的人员自学；保险杂志、报纸以及保险网站的资料更新快，内容与当前实际比较相近，可重点阅读保险行业的新发展、查勘技术的运用等文章；公司员工收集的典型资料可让其他员工学习，以达到事半功倍的效果。

（4）有意识锻炼查勘人员的总结能力。对查勘人员经手的案子，可要求员工对典型案子进行总结、讨论，比如开展“每周一案总结与讨论”等，以促使查勘人员从实践到理论然后再指导实践。

（5）查勘人员要了解当前形势，居安思危，有主动提高的意识。保险公司的人员流动较快，高等院校的毕业生就业压力很大，在保险行业快速发展的环境下，大量高学历毕业生势必涌入保险行业，查勘人员要想在“人才济济”的行列中不被淘汰，就应该树立主动学习、不断提高的意识。

2.2 事故现场的分类及查勘准备

事故现场是指汽车发生事故的空间场所，包括发生事故的车辆、人员、物品以及与事故有关的痕迹、物证所在的地点。

根据事故现场原始状态是否发生改变，可将事故现场分为：原始现场、变动现场和恢复现场三类。

2.2.1 原始现场

原始现场是指事故发生后现场的车辆、人员、有关散落物、痕迹等的相互位置关系没有任何改变和破坏，仍然保持着事故发生后的原始状态（图2-2）。

图2-2 原始现场

原始现场保留了事故原貌，可为事故原因分析与认定提供直接证据，是现场查勘最理想的现场。但是，由于抢救伤者、财产等原因，原始现场在所有事故现场中所占比例较小。

2.2.2 变动现场

变动现场是指由于自然因素、特殊情况或人为原因，致使出险现场的原始状态发生部分改变或全部改变的事故现场(图2-3)。

图2-3 标的车擦刮固定物后离开现场

事故现场变动的原因包括：

(1) 由于风吹、雨淋、下雪、日晒、冰雹、洪水、地震、海啸、塌方等自然因素，导致事故现场被破坏。

(2) 为抢救事故中的受伤人员而移动车辆，致使现场的车辆、物体或人员位置发生了变化，甚至使事故损失进一步扩大等。

(3) 为抢救事故中的受损财产，致使现场的车辆、物体或人员位置发生了变化。

(4) 因保护不善，导致事故现场被过往车辆、行人或围观人员破坏。

(5) 在一些主要交通干道或城市繁华地段发生事故，或遇到执行任务的消防车、救护车、抢险车、军车，为疏导交通而导致事故现场改变。

(6) 因工作需要，事故车辆必须驶离现场而导致事故现场改变，如正在执行任务的消防车、救护车、抢险车、军车和重要外宾、外交使节乘坐的车辆发生事故后，若车辆执行特护任务的能力未受影响，可以离开现场而先去完成任务。

(7) 事故当事人为逃避责任或嫁祸于人，有意改变现场遗留物的原始状态。

(8) 事故当事人为逃避责任而驾车逃逸，导致事故现场原貌改变。

(9) 其他原因导致事故现场变化，如发生事故后，当事人没有察觉而离开现场。

现场查勘人员到达现场后应立即查清现场状态是否有改变，若有改变，还要查清改变的原因是否正常，并通过细致地观察、认真地分析，根据事故发生的客观规律，有理有据地揭露导致事故现场改变的非正常原因（如伪造）。

2.2.3 恢复现场

恢复现场是指从事故现场撤离后，为分析事故或复查案件，需根据现场调查记录资料重新布置恢复的现场，称为恢复现场。

2.2.4 现场查勘的准备

(1) 必须着公司统一的查勘服装，佩戴胸卡，携带工作证件。

(2) 查阅抄单，了解保险期限、承保的险种、保险金额、责任限额、交纳保费情况等。

(3) 在公司内接到通知的，接受并打印报案记录，以了解被保险人名称、保险车辆车牌号、出险时间、地点、原因、处理机关、损失概要、被保险人、驾驶人及当事人联系电话；在公司外接到通知的，查勘后打印报案记录。

(4) 检验查勘设备与资料。查勘设备包括查勘车辆、照相机、其他用具。查勘车辆应保持车况良好、车容整洁。照相机应检验其性能、电池、胶卷、数码相机的存储卡空间等。其他用具主要包括笔记本电脑、手电筒、卷尺、砂纸、笔、记录本等。

查勘资料主要是查勘单证，包括出险报案表、索赔申请书、报案记录、现场查勘报告及附表、索赔须知、询问笔录及附页、事故车辆损失确认书。

(5) 赶赴现场途中，应尽快与报案人取得电话联系，进一步核实查勘地点，并注意礼貌用语："您好，我是××财险公司的理赔查勘人员××，请问您是××先生（或女士）吗？我们现在已经出发，想和您确认一下查勘地点。"

(6) 取得联系后，应告知客户自己目前所在位置，并根据距离和道路交通状况，估算到达现场的时间。因特殊原因不能按约定时间到达现场的，应及时与客户联系并说明原因。

(7) 如途中被安排其他事项，应立即通知客户，并主动向客户道歉，告知解决、处理建议，征询客户意见，并努力使客户的要求得到满足。

(8) 到达现场后，应先问候，进行自我介绍，并询问、确认对方身份（被保险人或驾驶人或报案人）："请问您是××先生（或女士）吗？"得到对方肯定回答后，应对客户遭受损失表示同情，用适当语言进行安慰，如"人没有受伤是万幸!""请抓紧时间抢救伤者，我们将用最快的时间，进行理赔""是否需要本公司提供帮助，我们将尽全力提供服务"等。

经过上述准备后，便可按照步骤、运用技术对现场进行全面的查勘了。

2.3 汽车碰撞事故查勘工作要点及技巧

2.3.1 查验客户保险单证及报案人身份

到达现场后，应查验客户提供的"保险证"或"保险单"。若客户不能提供保险单、证，查勘人员应立即进行保险情况的确认。还应查明报案人身份。报案人应为被保险人或肇事驾驶人，除此之外，属代他人报案者，需提供有关证明，如被保险人委托书、私有车辆的被保险人身份证原件、受托人身份证原件等。如报案人无法提供有关手续，应依据正常工作流程先行处理。同时告知报案人提交索赔单证时，务必携带有关手续。

2.3.2　组织现场施救

查勘人员到达事故现场后，如果保险标的及财产尚处于危险中（图2-4），应立即协助客户采取有效的施救、保护措施，避免损失扩大。

图2-4　需要施救的车辆

如果客户已经采取了施救措施，查勘人员主要是核定其施救措施是否必要、合理。某些案例的施救费可能极高（如：山区行车翻入山沟；自驾游被困森林，人逃出，车被困，重返森林的施救费用）。查勘人员应在施救结束后及时了解这笔费用的实际发生额度。

对保险标的及财产的施救、保护措施必须坚持必要、合理的原则，否则，相关费用保险人不负责赔偿。

施救车辆及财产损失，也是客户的义务。《保险法》第四十二条规定：保险事故发生时，被保险人有责任尽力采取必要的措施，防止或者减少损失。保险事故发生后，被保险人为防止或者减少保险标的的损失所支付的必要的、合理的费用，由保险人承担。所以，查勘人员还应查明事故发生后，客户有无尽施救义务。如客户未尽施救义务而导致损失扩大的部分，保险人不负责赔偿。

判断客户是否履行了施救义务，一般应考虑两个条件：一是客户主观上是否能够知道保险事故已经发生；二是客观上客户是否能够采取一定措施预防或减少保险标的的损失，这两个条件必须同时具备。只有知道，才会施救；具备条件，才能施救。如果被保险人不知道或无法知道事故已经发生，保险人就不能以被保险人未采取必要措施为由而拒赔；同时，如果被保险人根据当时当地的客观条件，无法采取措施防止或减少保险标的的损失，保险人也不能拒赔。因此，判断被保险人是否履行了救灾防损义务，必须以被保险人的应知、能知以及能够采取措施为前提，否则就强人所难，加重了被保险人的义务，不能合理有效地保护被保险人的利益。所以正确理解《保险法》第四十二条规定中的“尽力”二字十分关键。

2.3.2.1 必要、合理的施救费用

(1) 保险车辆发生火灾时，使用他人非专业消防单位的消防设备、施救保险车辆所消耗的合理费用及设备损失。

(2) 保险车辆出险后失去正常行驶能力，被保险人雇用吊车进行抢救的费用，以及将出险车辆拖运到修理厂的运输费用。

(3) 抢救中，因抢救而损坏他人的财产，应由被保险人赔偿的费用，而抢救人员个人物品的丢失，不予赔偿。

(4) 被保险人自己或他人义务派来抢救的抢救车辆在拖运受损保险车辆途中，发生意外事故造成保险车辆的损失扩大部分和费用支出增加部分。而受雇的抢救车辆发生意外造成保险车辆的损失扩大部分和费用支出增加部分，保险人不予赔偿。

(5) 保险人只对保险车辆的施救保护费用负责。如果被保险人没有购买车上货物责任保险则车上货物的施救保护费用不予负责。

2.3.2.2 常见的不合理施救

（1）对倾覆车辆在吊装过程中未合理固定，造成二次倾覆（图2-5）。

图2-5 施救不当引起的损失扩大

a）开始吊起落水轿车；b）吊起落水轿车过程中；c）吊车倾翻后与落水轿车一起落水；d）第二辆吊车施救第一辆吊车和落水轿车

（2）在使用吊车起吊中未对车身合理保护，致车身大面积损伤。

（3）对拖移车辆未进行检查，造成机械损坏，如轮胎缺气硬拖硬磨造成轮胎损坏。

（4）在分解施救过程中拆卸不当，造成车辆零部件损坏或丢失。

【案例2-2】 赵某是某物流公司驾驶人，2008年5月2日，驾车前往烟台。行驶到某国道50公里处时，突然从公路旁窜出一自行车横穿马路，赵某赶紧采取紧急避让措施，猛打转向盘，汽车往道路右侧急转弯。结果自行车避让过去了，但由于车速太快，转向盘打得也比较大，使得赵某驾驶的车辆右侧驶入松软地带，挂车的右边轮子陷了进去，造成车子倾斜。

为使车子返回路面，赵某发动车辆，但车却越陷越深，倾斜角度越来越大。赵某为防止事故损失进一步扩大，向当地相关部门取得联系，在当地警方帮助下，用吊车将载货汽车吊出松软地带，结果保险标的（车辆）无损失，但发生施救费用5700元。赵某返回后，去保险公司申请理赔，却遭拒绝，理由是赵某采取用吊车的自救措施，费用不合理。

保险公司认为：事故是该车驾驶人由于避让骑车人驶入路边松软地陷入泥中，并未接触他物，更谈不上倾覆，这种情况下该车只需牵引即可恢复行驶能力，而客户接受了整车起吊这样明显不必要的施救措施，产生了大笔施救费用，属不合理施救。

2.3.3 查明有关案情

案情中主要查明的内容包括：出险时间、出险地点、事故原因、出险车辆情况、驾驶人情况、人员伤亡情况、财产损失情况等。

2.3.3.1 出险时间

查明出险时间主要是为判断事故是否发生在保险期限内。汽车保险期限一般为一年，具体是×年×月×日零时起至×年×月×日二十四时止。期限之外的事故损失，保险人不负责赔偿。对接近保险期限起止时间的案件应特别注意，应认真查实，排除道德风险。

其中，对接近保险期限起期的事故，要注意是否为先险后保情况。实施先险后保时，采用的手段有两种：一是伪造出险日期，二是伪造保险日期。伪造出险日期时，一般通过关系，由有关单位出具假证明，或伪造、非法变更事故证明，待投保后方按正常程序向保险人报案索赔。这类案件保险人即使去现场复勘，若不深入调查了解很难察觉。伪造保险日期时，一般是投保人串通保险签单人员，内外勾结，利用“倒签单”的手法，将起保日期提前，瞒天过海，混水摸鱼。有的车辆在到期脱保后要求保险人按上年保单终止日续保也属此类。

而对接近保险止期的事故，要注意是否为故意行为。有些投保人对汽车保险缺乏正确认识，认为交付保险费后，如果在保险期内没有得到赔偿，就等于自己亏了。因此，在保险快到期时，会想方设法从保险公司把保险金要回来，或者把车辆的一些非保险赔偿的损失通过事故获得赔款，于是，故意出险就成了最好的选择。

为获得真实出险时间，应仔细核对公安部门的证明与当事人的陈述时间是否一致，同时要详细了解车辆的启程时间、返回时间、行驶路线、伤者住院治疗时间等。如涉及装载货物出险的，还要了解委托运输单位的装卸货物时间等。同时，比对出险时间和报案时间，看是否在合同约定的48小时之内，以及本次报案与上次报案时间是否接近（即是否为重复报案）。

2.3.3.2　出险地点

查明出险地点主要是为事故分析、事故测量、事故绘图准备。事故分析时要考虑事故地点的道路、视距、视野、地形、地物对事故发生的客观影响，判断事故是否在此处发生，和车辆损坏特征是否吻合，否则要查明变动原因。尤其是对擅自移动出险地点或谎报出险地点的，必须排除道德风险。事故测量、事故绘图时需要在出险现场附近选取基准点。

汽车事故的出险地点一般分为：高速公路、普通公路、城市道路、乡村便道和机耕道、场院及其他，查勘时要详细写明，并记录出险地邮政编码。

查明出险地点，还要判断车辆是否超出保单所列明的行驶区域，是否属于在责任免除地发生的损失，如车辆在营业性修理场所、收费停车场出险等。机动车辆保险条款一般规定：投保时约定行驶区域，保险事故发生在约定行驶区域以外的，增加免赔率或直接拒绝赔偿；在营业性维修、维护场所修理、维护期间车辆出险为责任免除范围。

2.3.3.3 事故原因

查明事故原因是现场查勘的重点，是判断是否为保险责任的依据，要深入调查，仔细查勘，并采取多听、多问、多看、多想、多分析的办法，索取证明，收集证据，全面分析。凡与事故有关的重要情节，都要尽量收集以反映事故全貌。

对于复杂或有疑问的理赔案件，要走访有关现场见证人或知情人，了解事故真相，做出询问记录，载明询问日期和被询问人地址并由被询问人确认签字。对于造成重大损失的保险事故，如果事故原因存在疑点难以断定的，应要求被保险人、造成事故的驾驶人、受损方对现场查勘记录的内容确认并签字。

事故原因可简单分为3类：

(1) 车辆自身原因导致事故。包括车辆故障原因、车辆质量原因（分为整车质量原因、零部件质量原因、维修质量原因）、车辆装载问题（如装载尺寸过大、装载质量过大等）。

车辆故障原因导致的事故一般是保险人对故障部分不予赔偿，但由于故障而引起保险事故（如碰撞、倾覆等），造成保险车辆其他部位的损失，保险人应予赔偿。

车辆质量原因导致的事故一般是保险人不予赔偿，即使赔偿也要向汽车生产厂家、销售厂家、维修厂家进行追偿。对整车质量是否有问题或设计缺陷，主要是根据国家公布的汽车召回公告；对零部件质量是否有问题，可委托有关车辆鉴定部门进行鉴定；对维修质量是否有问题，主要是依据交通部公布的机动车维修管理规定。

车辆装载问题导致的事故主要是由违规装载情况引起，对此应根据《中华人民共和国道路交通安全法》(见光盘中的附录2)、《中华人民共和国道路交通安全法实施条例》(见光盘中的附录3)的相关规定进行判断。

【案例2-3】 2001年2月9日，国家出入境检验检疫局发布紧急公告（2001年第3号公告）指出：鉴于日本三菱公司生产的帕杰罗（PAJERO）V31、V33越野车存在严重安全质量隐患，决定自即日起吊销其进口商品安全质量许可证书并禁止其进口。公告所指的质量问题是：帕杰罗（PAJERO）V31、V33越野车由于设计不当，造成后制动油管磨损穿孔，导致制动失效。

资料显示，在我国属于这次“三菱事件”涉及的存在安全隐患的三菱V31、V33帕杰罗越野车大约共有7.2万辆。另外，还有大量的“三星”、“猎豹”和“警兴”等套牌车。从我国的机动车辆保险情况看，这些车辆的大部分均投保了车身损失险和第三者责任险。在“三菱事件”披露之前，这些由于安全隐患导致的损失大都是由保险人进行了赔偿。如中国人民保险公司某分公司近两年就处理了多起三菱V31、V33帕杰罗越野车在行驶中发生“车辆突然失控翻车”的事故，最为典型的是1999年7月31日一辆帕杰罗V33型越野车在高速公路上突然失控，碰撞护栏后发生翻车，造成284 900元人民币的重大经济损失。所以，可以说“三菱事件”造成损失的最大受害者应是中国的保险人。“三菱事件”的发生，使保险人认识到应当加强理赔中的追偿工作，强化理赔人员的汽车产品质量和产品责任意识，区分产品质量保证保险、产品责任保险和汽车保险的保险责任，以切实维护保险人自身的合法权益。

（2）人为原因导致事故。包括故意行为、过失行为（分为可保风险、不可保风险）。人的故意行为属于道德风险，由其导致的事故，汽车保险中保险人绝对不给予赔偿。过失行为导致的事故，应视情况而定，如为可保风险则给予赔偿，如为不可保风险不予赔偿。可保风险如驾驶人员的疏忽驾驶导致车辆碰撞、倾覆、坠落等。不可保风险如驾驶人饮酒、吸食或注射毒品、被药物麻醉后使用车辆，或驾驶人不具备有效驾驶资格使用车辆等。

(3) 他方原因导致事故。包括第三方原因导致事故（含第三方逃逸、第三方已赔偿、本方放弃向第三方索赔等）、自然因素导致事故（如暴风、龙卷风、雷击、雹灾、暴雨、洪水、海啸、地陷、冰陷、崖崩、雪崩、泥石流、滑坡、载运车辆的渡船遭受自然灾害等危险）。

第三方原因导致的事故中，如第三方已逃逸，无法找到第三方时，保险人一般是增加免赔率，如免赔30%。第三方已赔偿的，保险公司不再负责赔偿。但此时，应注意查明是否存在一次事故多次索赔现象，即先由事故责任者给予赔偿然后再向保险公司索赔，这是日常生活中十分常见的一种欺诈形式，其特点是事故损失数额一般不大，报案时称是自己的疏忽行为造成的单方事故，所以，对车辆损坏的单方事故进行现场查勘时要特别注意，碰撞痕迹是否吻合，散落碎片是否齐全等。本方主动放弃向第三方索赔的事故，保险人一般不负责赔偿。因为《保险法》第四十六条规定："保险事故发生后，保险人未赔偿保险金之前，被保险人放弃对第三者的请求赔偿的权利的，保险人不承担赔偿保险金的责任。"

自然因素导致事故保险人一般负责赔偿。其关键因素是查勘自然因素是否符合机动车辆保险条款中各自然因素的含义，同时还需要被保险人提供相关部门的事故证明。

2.3.3.4 出险车辆情况

(1) 识别车辆身份，需查勘车型、牌照号码、发动机号码、VIN码或车架号码、行驶证、车身颜色，并与保险单或批单核对是否相符。

(2) 查明车辆出险时的使用性质是否与保险单记载的一致。车辆使用性质与其使用风险直接相关，当使用性质改变，导致车辆危险程度增加后出险的，保险人一般是不予赔偿的。

【案例2-4】 中消协发警示：法律属性不明，选择“拼车”要理性。

据介绍，春运期间，“拼车”返乡越来越为人们所关注，有关“拼车”的信息在网上也很容易查到。有的人选择“拼车”是因为火车、飞机等长途运输工具“一票难求”；有的人是想通过这种方式节省费用；还有的人认为既能省钱、又能结交朋友，是“一举多得”。

中消协指出，对“拼车”的合法性尚有争论，有的认为它不是以营利为目的，是互助行为；也有的认为带有经营的性质，如有的保险公司就持这种观点，在出现事故后拒赔。事实上，“拼车”在带来方便的同时，也确实引发了一些问题，如一般的拼车驾驶人属非专业驾驶人，长途行车的路况比较复杂，驾驶人容易疲劳，易造成交通事故；拼车人相互不熟悉，有可能被不法分子钻空子。

图2-6　拼车现象

但是，“拼车”作为一种事实已经存在。为此，从保护人身财产安全的角度出发，中消协提醒有意拼车的消费者，与陌生人拼车时，车主和乘车人有必要互相了解对方的真实身份及联系方式，互相出示身份证是必不可少的（图2-6），不能只知道一个网名或QQ号；车主和同车人应分别将了解到的对方信息告知给至少一名亲友，以备出现问题后联系使用；搭车人应事先了解驾驶人的技术水平、所用的车型；女性车主或乘车人应有熟悉的男性成年亲友相伴；即使拼车者自信可以确保安全，仍不妨给自己上一份相应的人身意外保险（资料来源：2008年01月30日 法制网—法制日报）。

(3) 要查明车辆使用的合法性，如存在运载危险品、运载超长、超宽、超高、超重等大件物品时，是否有审批手续并符合相关规定。

(4) 要查明车辆结构有无改装或加装。对汽车的自行改装，有可能破坏了原有的性能，影响了行车的安全，出险后的损失保险人也是不予赔偿的。

(5) 本车车辆损失情况，如损失部位、损失程度等。

(6) 如果是与第三方车辆发生事故，还应查明第三方车辆的基本情况。

2.3.3.5 驾驶人情况

主要是查清事故发生时驾驶人姓名及驾驶证，判断是否为合格驾驶人。

2.3.3.6 人员伤亡情况

主要是查明本车驾驶人、本车其他乘员、第三者人员的伤亡情况，如姓名、人数、救治医院、伤情等。

2.3.3.7 财产损失情况

主要是查明本车车上承运货物、随车携带行李物品、随车携带的宠物以及第三者的车上货物、路旁的花草树木、农田庄稼、路产路面等的损失情况。

2.3.4 现场物证的收集与分析

2.3.4.1 物证的类型

物证是分析事故原因最为客观的依据，收取物证是现场查勘的核心工作。事故现场物证的类型有散落物、附着物和痕迹。

(1) 散落物。散落物可分为车体散落物、人体散落物及他体散落物三类。车体散落物主要包括零件、部件、钢片、木片、漆片、玻璃、胶条等；人体散落主要包括事故受伤人员的穿戴品、携带品、器官或组织的分离品；他体散落物主要包括事故现场人、车之外的物证，如：树皮、断枝、水泥、石块等。其中保险查勘中接触较多的是车体散落物和他体散落物。

（2）附着物。附着物可分为喷洒或黏附物、创痕物与搁置物三类。喷洒或黏附物主要包括血液、毛发、纤维、油脂等；创痕物主要包括油漆微粒、橡胶颗粒、热熔塑料涂膜、反光膜等；搁置物主要包括织物或粗糙面上的玻璃颗粒等。

（3）痕迹。不同的痕迹，各有其形状、颜色和尺寸，往往是事故过程某些侧面的反映，也是事故现场物证收集的重点。痕迹可分为车辆行走痕迹、车辆碰撞痕迹、涂污与喷溅痕迹三类。车辆行走痕迹主要包括轮胎拖印、压印和擦印等；车辆碰撞痕迹主要包括车与车之间的碰撞痕迹、车与地面之间的撞砸与擦刮痕迹、车与其他物体间碰撞与擦刮痕迹。其中，车与车之间的碰撞痕迹包括车辆正面与正面、正面与侧面、追尾等的碰撞痕迹；车与地面之间的碰撞与擦刮痕迹常见于车辆倾覆或坠落的事故；车与其他物体间碰撞与擦刮痕迹主要有车与路旁建筑物、道路设施、电杆、树木等的接触产生。涂污与喷溅痕迹主要包括油污、泥浆、血液、汗液、组织液等的涂污与喷溅。

2.3.4.2　常见物证特征

（1）车体散落的塑料件（图2-7）。常见塑料件有前后保险杠外壳、前照灯支架、转向灯罩、制动灯罩等。机动车上所使用的塑料制品及构件，其硬度或柔韧度各不相同。硬度大的塑料零部件，在撞击下容易破碎、散落（如转向灯罩、制动灯罩），硬度较小的则会发生破裂变形，只在强力冲撞下才会碎裂、散落（如前后保险杠外壳）。然而，无论其硬度大小，在擦刮和磨蹭中都会留下划痕与擦痕。

图 2-7 因碰撞而损坏的散落件

（2）玻璃散落物。常见玻璃件有前后风窗玻璃、门窗玻璃、前照灯罩玻璃、后视镜玻璃等。玻璃硬度很高，脆性很大，在外力作用下比较容易破碎，是车身外部最脆弱的地方。

风窗玻璃一般采用钢化玻璃或夹层玻璃。钢化玻璃在受外力作用或碰撞时，破碎前首先出现网状裂纹，破碎后的碎块比较圆钝而无尖锐棱角。夹层玻璃的特点是受碰撞时只产生辐射状或同心圆状裂纹，玻璃碎块一般附着在夹层上掉不下来，但仍有大量肉眼不易看见的微小碎屑飞溅到附近，此即所谓的“玻璃雨”。汽车的门窗玻璃多采用较厚的普通玻璃，受外力作用时发生碎裂而以大小不等并带有尖锐棱角的碎片脱落。前照灯罩所用的玻璃是一种硼酸玻璃，特点是透明度较高、折射率很低。但其亦非钢化玻璃，破碎后带尖锐棱角，且破片具有一定曲度并带有热压花纹。后视反射镜玻璃是一种较厚的、经过磨制的凸面退火玻璃，破碎后其背面还附有金属镀膜。

（3）油漆附着物。油漆是最常见的物证之一。

新油漆涂层特征：新近喷涂的油漆涂层不但颜色清新鲜明，而且附着牢固，涂层本身也很坚韧。在受到擦刮、刻划与撞击时，油漆涂层多呈粉末或小颗粒状散落或转移。转移到其他物体表面的油漆粉末，分布比较细密、连续，且附着较牢，不易取下。

老旧油漆涂层特征：老旧油漆涂层，由于久经风化浸蚀不但颜色变得暗淡，而且出现老化龟裂现象。涂层附着情况变差，个别部位裂纹明显，裂纹中充满尘土与铁锈，漆皮本身的质地也十分酥脆。一旦受到擦刮、刻划和撞击，往往发生大面积片状脱落，转移漆末在客体表面附着不牢且不连续。

（4）车辆与车辆之间的碰撞痕迹。车辆与车辆之间的碰撞，往往会在相撞双方或多方的碰撞部位留下明显撞痕。而且，这种撞痕在相对坚硬和强大的一方比较轻，在软弱和轻小的一方比较重。在撞痕形成过程中，往往是双方互为造成客体和承受客体。在各自被撞部位的撞痕上，往往可以反映出对方作用部位的形状特征。

（5）车辆与车辆之间的擦刮痕迹。车辆间的擦刮痕迹，具有其方向性和始终端等特点，它能够反映出双方的运动方向和轨迹，如图2-8所示。

a)

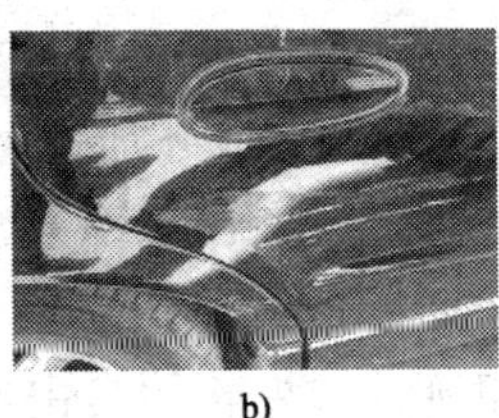
b)

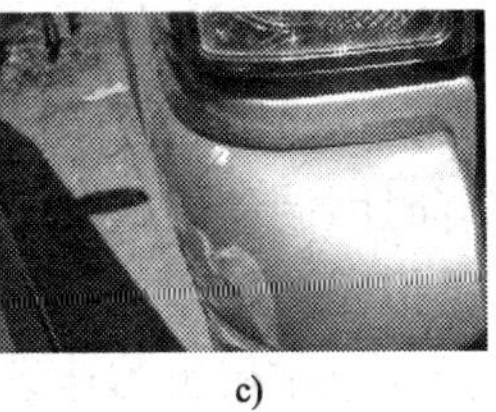
c)

图2-8 车辆与车辆之间的擦刮痕迹

a）两车相擦刮；b）标的车的擦刮痕迹；c）三者车的擦刮痕迹

（6）车辆与地面间的撞砸痕迹。撞砸痕迹与车辆离地处的水平距离即车身腾空飞行距离，它是计算冲出初速度或碰撞速度的宝贵数据。

（7）车辆与地面间的擦刮痕迹。留在地面上的擦刮痕迹，可反映车辆在地面上的形态和滑动轨迹，是再现事故过程的重要依据。

（8）车辆与其他物体间的碰撞痕迹，如图2-9所示。车辆与路旁建筑设施、电杆和树木等物体相撞时造成的伤痕属碰撞痕迹，其痕迹特点是比较明显地反映了碰撞接触点和碰撞部分。而在车辆身上造成的损坏程度，往往能够反映出碰撞速度的大小。

图 2-9　车辆与树的碰撞

（9）车辆与其他物体间的擦刮痕迹。车辆与道旁物体之间的擦刮痕迹，可反映事故车辆的运动范围与方向。

（10）车辆行走痕迹（可分为胎印、拖印和擦印）。胎印能显示轮胎花纹的粗细与轮胎的宽度。拖印基本上与车辆原行进方向一致，有时也会因制动跑偏或外加力矩的影响而有所偏离，有时因制动方式及机械原因而会在地面上留下断断续续的不连贯拖印。擦印一般比轮胎断面宽，如果轮胎抱死时，擦印可能会与拖印相仿的连续印迹，如果轮胎自由转动或部分自由转动时，擦印则为一组斜向排列的平行短线状印迹。

2.3.5　拍摄现场照片和受损标的照片

现场摄影是真实记录现场和受损标的客观情况的重要手段之一，它比现场图和文字记录可以更直观地反映现场和事故车辆的情况，是处理事故的重要证据。

2.3.5.1　现场摄影的原则

（1）应有反映事故现场全貌的全景照片。

（2）应有反映受损车辆号牌及受损财产部位和程度的近景

照片。

(3) 要有事故车辆某些重要局部（如车牌号、发动机号码、VIN码等）的特写照片。

(4) 要有保险车辆的行驶证（客运车辆准运证）、驾驶人的驾驶证（驾驶客运车辆驾驶人准驾证，特种车辆驾驶人操作资格证）的特写照片。

(5) 双方或多方事故，应拍摄三者车的“交强险标志”（正面及背面）或交强险保单。

(6) 必要时可要求相关证人与受损车辆拍摄合影照片。

(7) 坚持节省原则，以最少的照片数量反映事故现场最佳的效果。

2.3.5.2　现场摄影的方式

现场摄影时，应根据事故的实际情况和具体的拍摄目的，选择不同的拍摄方式。常见的现场摄影方式有方位摄影、中心摄影、细目摄影和宣传摄影四种。

(1) 方位摄影，即以事故车辆为中心反映周围环境情况的拍摄。此方式重在突出事故现场的全貌，目的是反映出事故车辆与其他物体之间的相互关系，如图2-10所示。

图2-10　方位摄影

（2）中心摄影，即以事故接触点为中心反映事故接触的各部位及其相关部位的拍摄。此拍摄方式重在突出拍摄现场的中心地段，目的是反映出事故损坏部位及其相关部位的特点、状态，如图 2-11 所示。

图 2-11　中心摄影

（3）细目摄影，即分别对事故中具体损失物体进行的拍摄。此拍摄方式重在突出各个具体物证，目的是反映出重要物证的大小、形状、特征，如图 2-12 所示。

图 2-12　细目摄影

（4）宣传摄影，即运用技巧突出反映事故某一侧面的拍摄，如图 2-13 所示。此拍摄方式重在突出事故某一侧面的状态、特点，目的是为了相关宣传和收集资料。

图2-13　宣传摄影（突出事故的惊险）

2.3.5.3　现场摄影的方法

（1）相向拍摄法，即从两个相对的方向对现场中心部分进行拍摄，如图2-14所示。该方法可较为清楚地反映现场中心两个相对方向的情况。

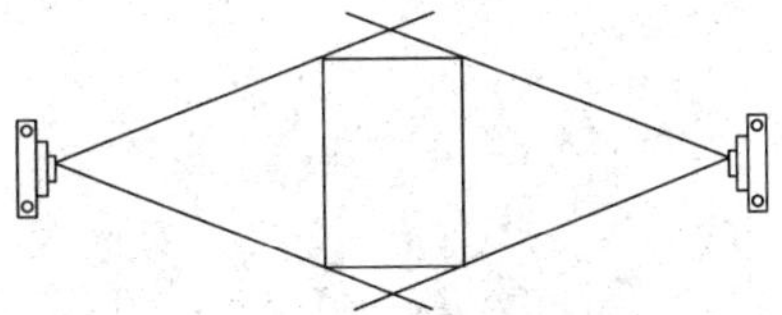

图2-14　相向拍摄法

采用相向拍摄法拍摄时，一般是左前侧45°与右后侧45°相向拍摄，如图2-15所示。

a)

b)

图2-15　相向拍摄

a）左前侧45°；b）右后侧45°

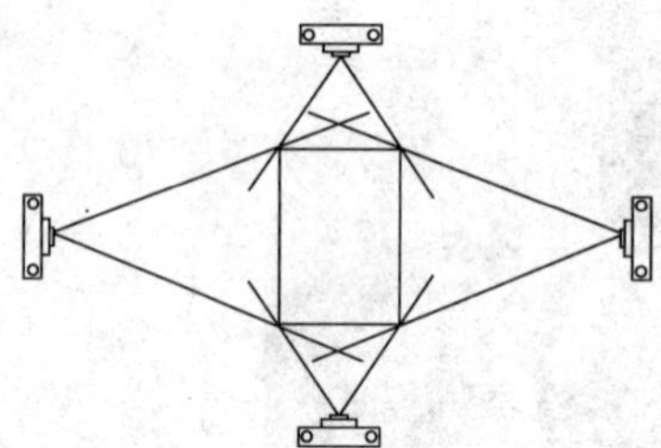
图 2-16 十字交叉拍摄法

（2）十字交叉拍摄法，即从四个不同地点对现场中心部分进行交叉的拍摄，如图 2-16 所示。该方法可从前、后、左、右四个角度准确反映现场中心情况。

（3）连续拍摄法，即将面积较大的事故现场分段拍摄，如多车连续追尾事故（图 2-17）。连续拍摄法分回转连续拍摄和平行连续拍摄（图 2-18）。为获得事故现场完整照片，需对分段照片进行接片，所以分段拍摄时各照片取景应略有重合，并要求同样的拍摄距离和光圈等。

图 2-17 多车连续追尾事故

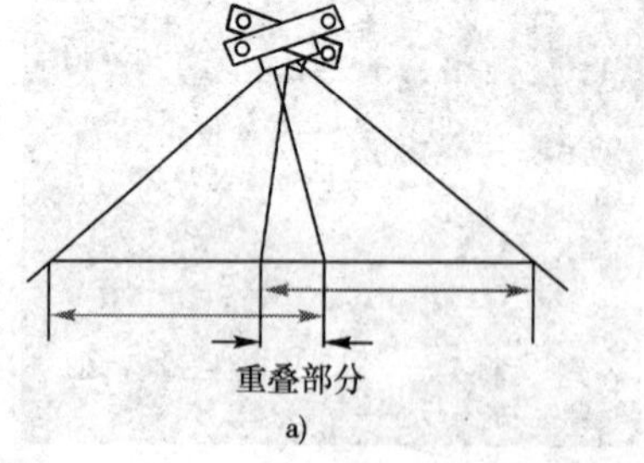

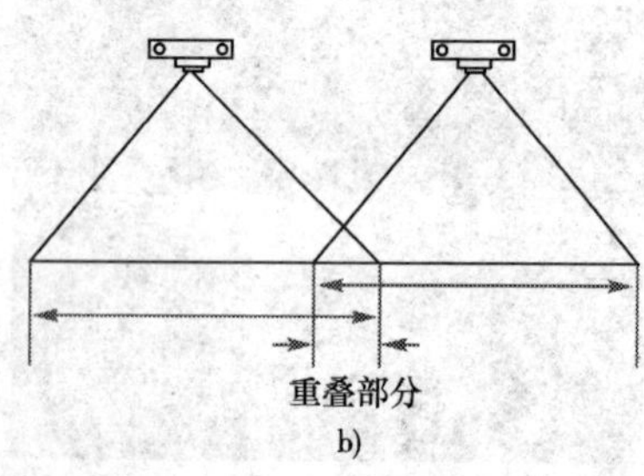

图 2-18 连续拍摄法

a）回转连续拍摄；b）平行连续拍摄

（4）比例拍摄法，即将带有刻度的尺子放在被损物体旁边进行的摄影，如图2-19所示。该方法可确定被摄物体的实际大小和尺寸，常用于痕迹、碎片以及微小物证的摄影。

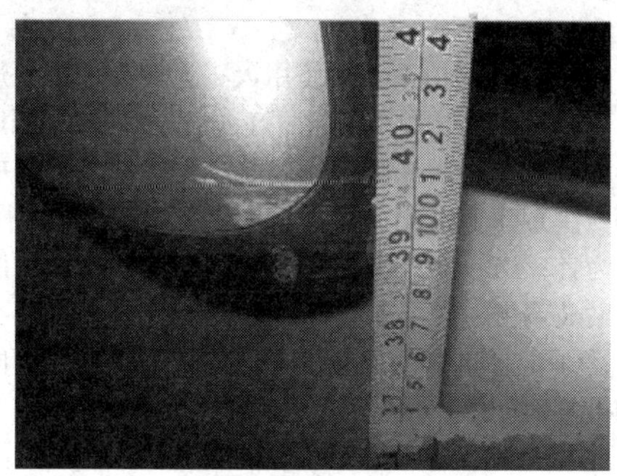

图2-19 比例拍摄法

2.3.5.4 现场摄影的一般技巧

现场摄影有一定的技巧，需要查勘人员事先去掌握。如取景、接片技术在现场拍摄中的运用、滤色镜的使用、事故现场常见痕迹的拍摄等。

（1）取景。现场拍摄取景时，应根据拍摄的目的和要求，合理确定拍摄的角度、距离和光照，力求所要表达的主体物突出、明显和准确。根据拍摄者立足点和被拍物体方位，拍摄角度可分俯视拍摄、平视拍摄、仰视拍摄、正面拍摄、侧面拍摄等。根据拍摄者立足点和被拍物体的远近，拍摄距离可分为远景拍摄、中景拍摄、近景拍摄、特写拍摄等。根据光线和拍摄方向，拍摄光照可分为正面光拍摄、侧面光拍摄、逆光拍摄等。

（2）用光。车辆事故的发生因时间、地点、光源条件不同，而使得拍摄画面的效果不同，为获得良好的画面效果，查勘人员应正确地认识光线的变化规律，分析各种光线的性能条件，并熟练地加以运用。

(3) 雾天情况进行现场拍摄时不要使用闪光灯，因为空气中的水分子很多，就像是一层幕纱，当使用闪光灯时，雾气会把闪光反射回来，使得画面非常模糊。同时，曝光要充分，比没有雾的情况下稍增加一些。

(4) 夜间的现场拍摄必须使用人工光源，如闪光灯、手电或现场其他照明工具（如车辆前照灯），以提高现场照度，保证照片清晰可辨。其中闪光灯应用较多，需注意，当拍摄事故车全貌时，要注意车窗玻璃的反光情况，此时，以用手举闪光灯进行拍摄为宜；当在车外拍摄车内物体时，闪光灯和照相机镜头都应紧贴玻璃窗，以防车窗玻璃的反射。

(5) 为了记录事故的发生地，应尽量选择静止的固定参照物进入拍摄画面。

(6) 拍摄好两个45°的照片：前45°照片反映侧面和前牌照；后45°照片反映另一侧面及后牌照。

(7) 总成或高价值的零部件一定要拍摄照片，小的损失、低值零件视情拍摄。

(8) 翻砂件（如发动机汽缸体、变速器外壳、主减速器外壳等）发生裂纹时，直接拍摄无法反应出裂纹。可先在裂纹处涂抹柴油，再用滑石粉或粉笔末撒在油上，用小锤敲击裂纹附近，形成一条线后再拍摄。

(9) 对碰撞痕迹的拍摄，要通过合理选择拍摄角度和光线，以准确反映其凹陷、隆起、变形、断裂、穿孔或破碎等特征。对于较小、较浅的凹陷一般要采用侧面光、反光板、闪光灯等进行拍摄。同时凹陷越深，入射光线角度越大；凹陷越浅，入射光线角度越小。

(10) 拍摄各种痕迹物证时，为有效表示痕迹长度，应在被摄物一侧同一平面放置比例尺或卷尺。

(11) 对刮擦痕迹，如果为有颜色物质，可选择滤色镜拍摄，突出被黏挂物。

(12) 拍摄血迹时，应选用滤色镜拍摄。如血迹滴落在泥土沾污的油路上，可用黄色滤色镜拍摄。

（13）拍摄制动拖印时，为反映拖印起止点及特征，可对拖印起点用白灰或树枝等进行标记，同时注意反映起点与道路中心线或路边的关系。

（14）拍摄痕迹物证到路边距离时，照相机主光轴要垂直于被摄物体，以便正确反映被摄距离。

（15）对照片不能反映出的裂纹、变形，要用手指向损坏部位拍照或对比拍照或标识拍照，并能反映损伤原因，涉及轴、孔损伤时，一定要有实测尺寸照片。

（16）拍摄玻璃照片时注意玻璃的反光，玻璃损坏不严重，先拍一张照片，再击打玻璃受损处使损伤扩大明显后，再拍一张照片。

（17）一张照片可以反映多个部件、部位受损真实情况的，不需单个或重复拍照，但重大配件或价格较贵的配件必须有能反映损伤、型号规格或配件编码的单独照片。

（18）受损货物、路产照片应能够反映出财产损失的全貌及损失部位，多处受损应分别拍摄；带包装的物品受损应将包装拆下后拍摄，并注意拍摄包装物上的数量、类型、型号、重量等；价值较高的货物在分类后单独编号拍摄。

（19）照相机的日期顺序调整为年、月、日，且显示日期必须与拍摄日期一致，严禁以各种理由调整相机后备日期；数码相机像素调整要适当，不可过大，比如可调为 480×640 以使照片大小不超过 150kB 等。

（20）现场拍摄时，尤其是重大事故拍摄时，可采用数码相机和光学相机两种工具。数码相机拍摄的照片便于计算机管理，便于网上传输，成像快，但缺点是易被修改、伪造，而光学相机正好相反。

2.3.6 做好询问笔录

为弄清事故的发生原因，对事故当事人进行询问，做好

《机动车辆保险事故现场查勘询问笔录》（见光盘中的附表2-1）是十分必要的。同时，对重大复杂或有疑问的案件，要走访现场证人或知情人，弄清真相，做出询问记录，并由被询问人签字确认。

【案例2-5】 一价值90万元的奔驰车发生事故，撞了市区内一棵大树，车辆损坏比较重。报案人说自己是驾驶人，但不是车主，是借的朋友的车，事故是由于自己驾驶不小心造成的，但对事故发生前后的一些情况描述不清。查勘员进行了简单的拍照、询问、绘图等手续后，将查勘记录交回了保险公司。核赔人员发现前期的查勘证据不足，事故原因分析过于简单，怀疑有其他隐情，将案件打回，交由一经验丰富的查勘员补充证据。该查勘员考虑事故已过了3天，首先应复核现场，将车辆碰撞损坏的部件与大树做比对，发觉碰撞痕迹高度一致且损坏形状吻合，同时考虑该标的车购买时间不到两年，进行故意制造事故的可能性不大。于是，查勘员决定走访证人。第一位被询问者是事故发生地附近一小卖店的人，查勘员没有采取开门见山的方式，而是先"创造环境"："老板，我买包烟，借个火好吗?"一会后"再给我来瓶矿泉水吧?" "老板，生意还好吧?" "天天守着小店，也挺辛苦的呀！想出去转转也不行"。"不过，你这个店位置不错，在门口也应该经常见到一些新鲜事吧？比如，前两天那个汽车撞树的事。"老板在一连串的肯定回答后，说"是呀，干这一行确实不容易，也没什么大见识，不过那天的车祸我还是清楚地记得，车撞的挺严重，驾驶人好像喝醉了，还满脸是血，车上其他人员酒气熏天的，还不断打电话，叫来了两位朋友后，一个送他们去了医院，另一个打电话好像报了案。你说，好好的日子不珍惜，开车还喝这么多酒。"获得这个信息后，查勘员又开始到附近酒店和医院调查，一酒店证实前几天该奔驰车曾在这儿停放，车上人员好象是朋友关系，一块喝酒聚会；一医院的大夫和护理人员证明，照片中的一位前几天在本院进行了外伤治疗和护理，且当时他有呼吸性酒气。

取得了酒后肇事的证据，保险公司拒赔了该案。其中，访问相关证人，对揭露该事故的真相起到了关键作用。

2.3.7 现场丈量

现场丈量是对事故分析、绘制现场图的基础，所以现场丈量与事故有关的物体和痕迹时应逐项进行并做好相应记录。

2.3.7.1 确定事故现场方位

事故现场的方位以道路中心线与指北方向的夹角来表示。如果事故路段为弯道，以进入弯道的直线与指北方向夹角和转弯半径表示。

2.3.7.2 事故现场定位

定位事故现场时，首先应选择一个基准点。

基准点选择原则：基准点应是事故现场原来就有的、长久存在的、材质坚硬的固定物体，基准点应不易移动和消失，不易被自然侵蚀或人为破坏，且距离肇事车辆和重要痕迹应较近。如里程碑、电线杆、建筑物的棱角等可以作为基准点，而树木、堆料、临时房屋等不能作为基准点。常用基准点：在公路上一般选择里程碑或百米桩作为基准点，在城市街道上一般选择电线杆作为基准点。

有了基准点后，要选择定位方法定位事故现场，事故现场的定位方法有三点定位法、垂直定位法、极坐标法等。三点定位法是用基准点、事故车辆某一点以及基准点向道路中心线作垂线的交点三个点所形成的三角形来固定现场位置，所以此时只需要量取三角形各边的距离即可（图2-20）。垂直定位法是用经过基准点且平行于道路边线的直线与经过事故车辆某一个点且垂直于道路边线的直线相交所形成的两个线段来固定事故现场，所以该方法只需要量取基准点与交点、交点与事故车辆某一点两条线段的距离即可（图2-21）。极坐标法是用基准点与事故车辆某一点连接形成线段的距离以及线段与道路边线垂直方向的夹角来固定事故现场，所以该方法只需量取线段长度和夹角度数即可（图2-22）。

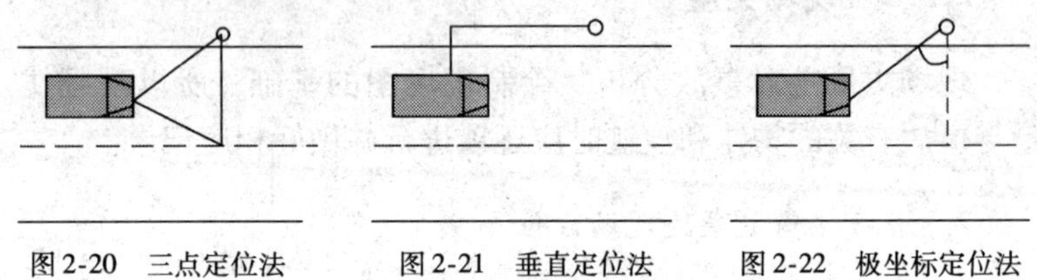

图2-20　三点定位法　　图2-21　垂直定位法　　图2-22　极坐标定位法

2.3.7.3　道路丈量

道路结构和尺寸，如路面宽度、弯道半径、纵坡、路肩宽度以及边沟的深度等参数，一般需要丈量。

2.3.7.4　车辆位置丈量

事故车辆位置用车辆的四个轮胎外缘与地面接触中心点到道路边缘的垂直距离来确定，所以只需量取四个距离即可。车辆行驶方向可根据现场遗留的痕迹判断，如从车上滴落油点、水点，一般其尖端的方向为车辆的行驶方向等。

2.3.7.5　制动印痕丈量

直线形制动印痕的拖印距离直接测量即可；弧形制动印痕的拖印距离需量取，一般是先四等分弧形印痕，分别丈量等分点至道路一边的垂直距离，再量出制动印痕的长度即可。

2.3.7.6　事故接触部位丈量

事故接触部位的丈量，最关键的是先准确判定事故接触部位。事故接触部位是形成事故的作用点，是事故车辆的变形损坏点，因此，可根据物体的运动、受力、损坏形状以及散落距离等因素科学判断事故接触部位。对其丈量时，一般应测量车与车、车与人，或者车与其他物体接触部位距地面的高度、接触部位的形状大小等。

2.3.7.7 其他丈量

如果事故现场还有其他机动车辆或非机动车辆、车身漆皮、玻璃碎片、脱落的车辆零部件、其他物体等遗留物，并且他们对事故认定起着重要作用，则一并需要丈量他们散落的距离或黏附的高度等。

2.3.8 绘制现场草图

对重大赔案的查勘应绘制事故现场草图（见光盘附图2-1）。由于草图在现场绘制，且绘制时间较短，所以对事故现场草图不要求十分工整，只要求内容完整、尺寸数字准确、物体位置、形状、尺寸、距离大小基本成比例即可。

2.3.8.1 事故现场草图的基本内容

事故现场草图要反映出事故车的方位、道路情况及外界影响因素，要表明车辆以及与事故有关的遗留痕迹和散落物的相互位置。

简单的平面图加上适当文字说明，即可反映出事故现场概况。如果道路线形复杂，为准确表达现场空间位置和道路纵横断面几何线形的变化，也经常采用立体图或剖面图等。

2.3.8.2 事故现场草图的绘制过程

（1）选比例。根据出险情况，选用适当比例进行草图的总体构思。

（2）画轮廓。按照近似比例画出道路边缘线和中心线。确定道路走向，在图的右上方绘制指北标志。标注道路中心线与指北线的夹角。

（3）画车辆。以同一近似比例绘制出险车辆，再以出险车辆为中心绘制各有关物体。

(4) 标尺寸。根据现场具体条件，选择基准点和定位法，为现场出险的车辆和主要物品、痕迹定位，标注尺寸。

(5) 小处理。根据需要绘制立体图、剖面图和局部放大图，必要的地方加注文字说明。

(6) 先校核。两名查勘人员，一名负责绘制现场草图，另一名负责校核。

(7) 后签名。绘完图后，由绘图员、校核员、当事人、见证人分别签名。

现场查勘结束后，应根据现场查勘草图所标明的尺寸和位置，按照正投影原理，选用一定比例和线型，准确绘制出事故现场图（见光盘附图 2-2)，它是理赔和申请诉讼的依据。

2.3.9 初定事故责任

经过整理分析已获取的查勘资料，包括查勘记录及附表、查勘照片、询问笔录，以及驾驶证照片、行驶证照片等，结合保险车辆的查勘信息、承保信息以及历史赔案信息，分别判断事故是否属于商业机动车辆保险和机动车交通事故责任强制保险的保险责任。经查勘人员核实属于保险责任范围的，应进一步确定被保险人在事故中所承担的责任，有无向第三者追偿问题，同时，还应注意了解保险车辆有无在其他公司重复保险的情况；对重复报案、无效报案、明显不属于保险责任的报案，应按不予立案或拒绝赔偿案件处理。

对不属于保险责任的，应对事故现场、车辆、涉及的第三者车辆、财产、人身伤亡情况进行认真的记录、取证、拍照等，以便作为拒赔材料存档，同时向被保险人递交拒赔通知书。

2.3.10 初定损失情况

事故损失金额包括保险责任部分损失和非保险责任部分损失。保险损失金额是指在事故损失金额基础上简单根据保险条款和保险原则剔除非保险责任部分损失后的金额。

2.3.11 缮制现场查勘记录

查勘记录是查勘人员对整个保险事故进行全面调查的记录以及责任确定、损失估计、零部件更换与修复的初步意见的汇总。对于查勘记录最基本的要求是真实地反映事故的情况。因此，应全面、具体和完整的记录与事故有关的细节，如出险的时间、地点和经过，涉及的有关人员和责任等。同时查勘人员应当用专业的眼光对事故进行观察和分析，对碰撞的原因、损失的可能程度、修复方案的可行性以及修复的费用进行初步的分析。

查勘记录的内容根据案件类型的不同、公司的不同、甚至查勘人员的不同均可能存在种种不同。但是，查勘记录一般应包括如下内容：

（1）案件受理的基本情况，如保险单号码、报案编号、立案编号、查勘的时间、查勘的地点、案件的类别等。

（2）保险车辆的基本情况，包括：厂牌型号、牌照号码、发动机号码、车架号码、已行驶里程、已使用年限、核定载客数、核定载质量、车辆颜色等。

（3）驾驶人的基本情况，包括：驾驶人的性名、性别、年龄、职业、驾驶证件的号码、初次领证日期、准架车型、是否饮酒、证件是否合格等。

（4）事故的基本情况，包括：出险时间、出险时的天气状况、出险地点以及周围情况、事故现场、事故原因、车辆损失、财产损失、人员伤亡、施救情况等。

（5）第三者车辆及驾驶人的基本情况，同标的车辆及驾驶人情况。

（6）辅助事项情况，包括现场草图、现场拍照、现场询问笔录等。

（7）事故的分析，包括是否属于保险责任、事故估损金额、查勘人意见等。

现场查勘工作非常重要，而现场查勘的内容又非常多，为防止查勘员疏忽某些细节，同时为规范查勘工作，各保险公司一般都制定《机动车辆保险现场查勘记录》（见光盘中的附表2-2）、《机动车辆保险事故现场查勘记录附件》（见光盘中的附表2-3）等，查勘人员根据现场查勘情况，如实填写现场查勘记录表即可。

2.3.12 指导客户填制相关单证并发放索赔须知

查勘人员应指导客户填制《机动车辆保险出险报案表》（见光盘中的附表2-4），向客户发放《机动车辆保险索赔须知》（见光盘中的附表2-5）和《机动车辆保险索赔申请书》（见光盘中的附表2-6）。

2.4 查勘过程及技巧运用视频录像

此处内容见光盘中的查勘视频录像文件。

第3章　汽车碰撞事故车辆定损实务

3.1　车辆基础知识

汽车，是由自备动力驱动，具有4个或4个以上车轮的非轨道承载车辆。它主要用于载运人员和（或）货物，牵引载运人员和（或）货物，以及特殊用途。

3.1.1　汽车的分类

3.1.1.1　按用途分类

汽车一般是按用途进行分类的，根据国标GB/T 3730.1—2001《汽车和挂车类型的术语和定义》的规定，汽车分乘用车和商用车辆两大类。其中，乘用车又分为轿车类和其他乘用车类（包括多用途车和运动用车）；商用车辆又细分为客车、半挂牵引车、货车（包括专用作业车），如图3-1所示。

除了按国标进行分类以外，我们国家以前还曾经采用过另外一种分类方法（GB 9417—88《汽车产品型号编制规则》），见表3-1。

汽车分类表（GB 9417—88）　　表3-1

汽车类型	分类依据	汽车类别	指　　标
载货汽车	依公路运行时厂定最大总质量（M）	微型货车	$M\leq 1.8t$
		轻型货车	$1.8t < M\leq 6.0t$
		中型货车	$6.0t < M\leq 14t$
		重型货车	$M > 14t$

续上表

汽车类型	分类依据	汽车类别	指　　标
越野汽车	依越野运行时厂定最大总质量（M）	轻型越野汽车	$M \leqslant 5t$
		中型越野汽车	$5.0t < M \leqslant 13t$
		重型越野汽车	$13t < M \leqslant 24t$
		超重型越野汽车	$M > 24t$
轿车	依发动机排量（V）	微型轿车	$V \leqslant 1L$
		普通轿车	$1L < V \leqslant 1.6L$
		中级轿车	$1.6L < V \leqslant 2.5L$
		中高级轿车	$2.5L < V \leqslant 4L$
		高级轿车	$V > 4L$
客车	依客车的车长（L）	微型客车	$L \leqslant 3.5m$
		轻型客车	$3.5m < L \leqslant 7m$
		中型客车	$7m < L \leqslant 10m$
		大型客车	$L > 10m$
		特大型客车	指铰接和双层客车中大型客车又可分为城市、长途、旅游及团体客车。

3.1.1.2　按公安机关管理分类

公安机关在进行汽车（新车）登记时，按汽车的规格将汽车分为载客、载货、三轮汽车、低速货车4类（表3-2）。

公安机关汽车分类之规格术语　　　　表3-2

分类	规格术语	说　　明
载客	大型	车长≥6m或乘坐人数≥20人。乘坐人数可变的，以上限确定。乘坐人数含驾驶人（下同）
	中型	车长<6m，乘坐人数>9人且<20人
	小型	车长<6m，乘坐人数≤9人
	微型	车长≤3.5m，发动机汽缸总排量≤1L
	重型	车长≥6m，总质量≤2000kg

续上表

分类	规格术语	说　明
载货	中型	车长≥6m，总质量≥4500kg 且 <12 000kg
	轻型	车长 <6m，总质量 <4500kg
	微型	车长≤3.5m，载质量≤750kg
三轮汽车（原三轮农用运输车）		以柴油机为动力，最高设计车速≤50km/h，最大设计总质量≯2000kg，长≤4.6m，宽≤1.6m，高≤2m，具有三个车轮的货车
低速货车（原四轮农用运输车）		以柴油机为动力，最高设计车速≤70km/h，最大设计总质量≤4500kg，长≤6m，宽≤2m，高≤2.5m，具有四个车轮的货车

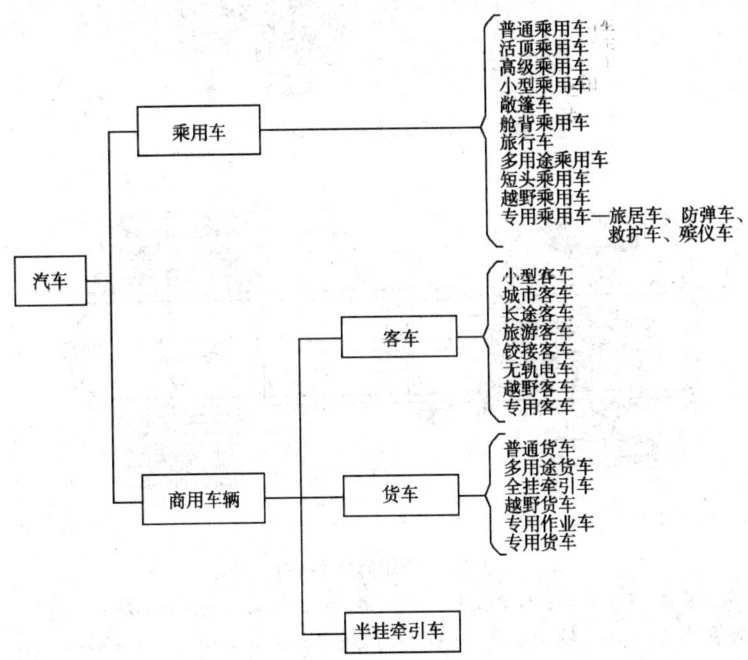

图3-1　汽车分类图（GB/T 3730.1—2001）

3.1.2 汽车的基本结构

汽车，一般是由发动机、底盘、车身、电器设备四个部分组成的。小型载客汽车的组成如图 3-2 所示，货车的整体结构如图 3-3 所示。

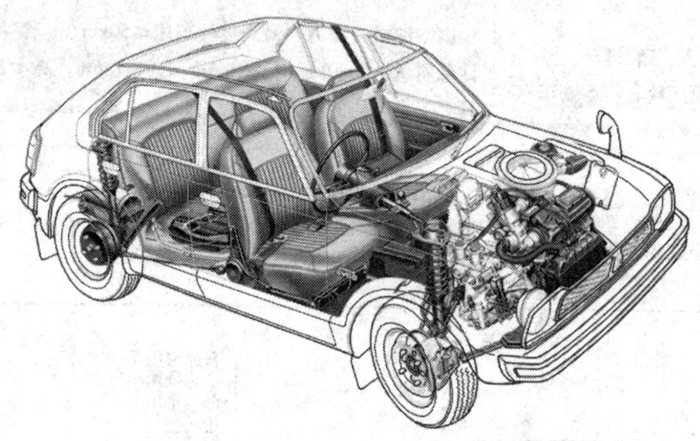

图 3-2 小型载客汽车的总体构造

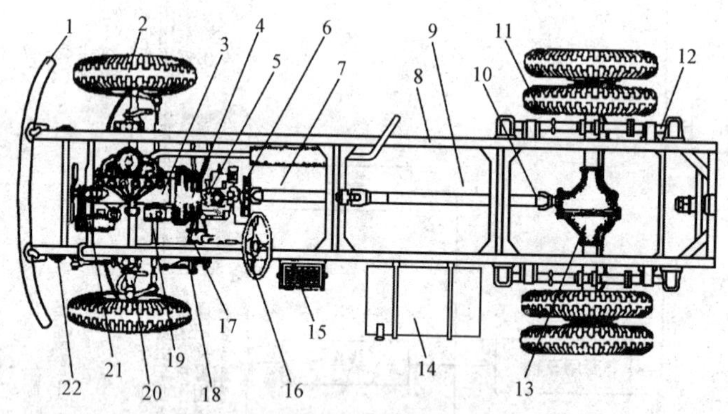

图 3-3 货车的总体结构

1-前保险杠；2-转向轮；3-发动机；4-离合器；5-变速器；6-驻车制动器；7-前传动轴；8-车架；9-传动轴；10-万向节；11-驱动车轮；12-后悬架；13-后驱动桥；14-油箱；15-蓄电池；16-转向盘；17-制动踏板；18-离合器踏板；19-起动机；20-前桥；21-发电机；22-前悬架

3.1.2.1 发动机

目前汽车上广泛使用的是往复活塞式汽油机（或柴油机）。这种发动机由两大机构、五大系统组成，即曲柄连杆机构、配气机构、燃料供给系统、润滑系统、冷却系统、起动系统、点火系统（柴油发动机没有点火系统）等组成（图3-4）。

3.1.2.2 底盘

汽车底盘由传动系、行驶系、转向系和制动系等系统组成(图3-5)。发动机、车身、电器设备及各种附属设备都直接或间接地安装在汽车底盘上。汽车底盘接受发动机所输出的动力，将发动机的旋转运动转变成汽车的水平运动，并保证汽车能够按照驾驶人的操纵正常行驶。

图3-4 发动机

图3-5 汽车底盘的布局

传动系统是指将汽车发动机动能传递到车轮上的动力传动装置。这套传动装置不仅能够实现动力的传递，而且还可以实现动力的接通与切断、起步、变速、倒车等功能。传动系统一般由离合器、变速器、传动轴、驱动桥等组成。

行驶系统将汽车各总成、部件连接成为一个整体，支撑着整车部件，并将发动机旋转运动的动力转变成汽车的直线运动，并实现汽车的平顺行驶。行驶系统由车架、车桥、车轮和悬架等组成。

转向系统用来控制汽车的行驶方向，由转向操纵机构、转向器和转向传动机构组成。

制动系统用来使行驶中的汽车按照需要减速、停止行驶、在坡道驻车等。制动系统由制动控制部分、制动传动部分、制动器等部件组成，汽车制动系至少需要有两套各自独立的制动装置，即行车制动装置和驻车制动装置。

3.1.2.3 车身

汽车车身按用途分为轿车、客车、货车和专用汽车车身；按所用材料分钢制车身、轻金属车身、塑料车身、混合车身；但一般按承载方式分为非承载式车身、半承载式车身、承载式车身三大类。它是驾驶人工作和装载乘客、货物的场所，它应为驾驶人提供方便的操作条件，为乘客提供舒适安全的环境或保证货物完好无损（图3-6）。

车身形式不同，碰撞损坏后的维修方法也不同。

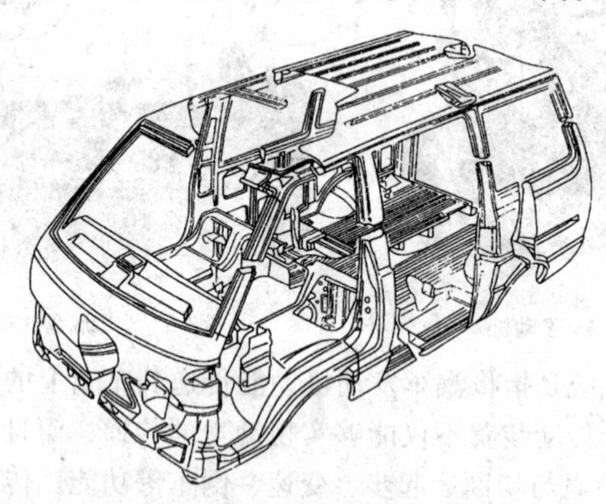

图3-6 薄壳式车身

（1）非承载式车身，即有车架的车身。车身与车架通过弹簧和橡胶垫柔性连接，发动机和底盘主要总成直接装在车架上，载荷由车架承担，车身主要承受本身及客货的重力和汽车行驶引起的惯性力、空气阻力。货车、客车、少数高级轿车采用非承载式车身，图3-7为大客车的车身结构。

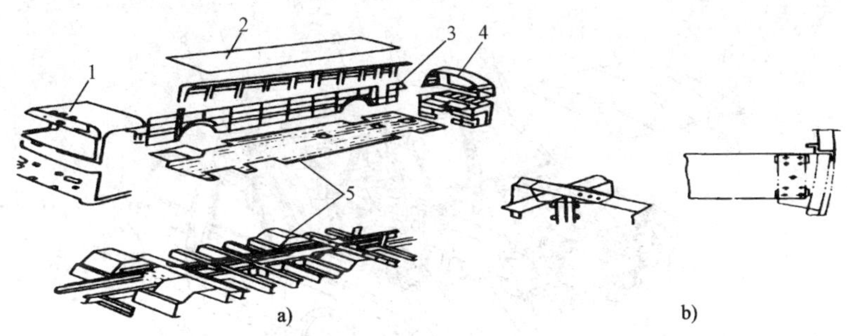

图3-7　骨架式客车车身

1-前围部分；2-顶盖部分；3-侧围部分；4-后围部分；5-底架与底板

(2) 半承载式车身。车身与车架用螺钉、焊接、铆接方式刚性连接，载荷主要由车架承受，车身也分担部分车架载荷。这种形式的车身只用于大客车。

(3) 承载式车身。没有单独车架，只有车身，发动机和底盘主要总成都装配在车身上，各种载荷均由车身承受（图3-8）。车身是由钢板焊接而成的箱式或蛋壳形结构，其刚性轻型结构可将冲击能量分散到整个汽车，因此在受撞击时，远离冲击点部位的受损情况不可忽视。这种车身需要装备有效的隔声和防振措施。承载式车身有如下几大主要钣金件组成：

前机舱：这是由前焊接件、左右纵梁、前挡板、副车架等组成的方形框架，是车身骨架中强度最高的组件。

车身下底板：它有前、中、后三块钣金件焊接在一起，各钣金件按受力、材料厚度、几何形状等的不同冲压成各式梁槽，前端与前挡板左右纵梁焊为一体，后端与后悬支撑焊为一体。左右与A、B、C三柱焊接在一起，底板上下面涂防腐漆、耐热漆、防石击漆。

汽车后箱：由左右翼子板、内骨架、后挡板、左右悬架支撑与底板焊接而成，形成后箱。

左右侧边梁：由A、B、C三柱、上下边梁、顶篷等焊接成一体，组成左右框架。由于需要在左右框架安装车门，因而边框的金属件较少，门的空间较大，比较脆弱。

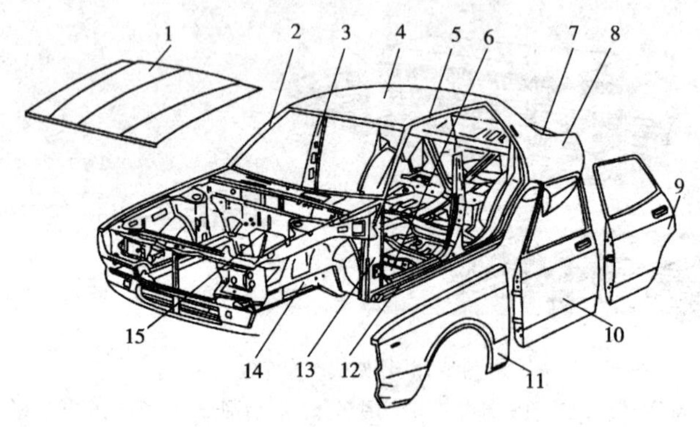

图3-8 轿车车身壳体

1-发动机罩；2-前窗柱；3-中柱；4-顶盖；5-车顶边梁；6-车底；7-行李舱；8-后翼子板；9-后门；10-前门；11-前翼子板；12-门槛；13-前柱；14-前悬架支撑板；15-中间隔板

3.1.2.4 电器设备

电器设备用于启动发动机，并确保点火、照明、灯光、信号、仪表、计算机等各装置的正常工作。汽车电器系统的一般采用12V或24V的电压，负极搭铁。电器设备包括电源组、发动机起动系统、点火系统、照明装置、信号装置、仪表、控制装置等。

汽车总成及其零部件的划分见光盘中的附表3-1。

3.1.3 车辆识别代码（VIN）规则

车辆识别代号英文为Vehicle Identification Number，简称为VIN。目前，世界各国生产的汽车大多使用了VIN编码。

VIN编码由一组字母和阿拉伯数字组成，共17位。它是识别一辆汽车不可缺少的工具，被誉为“汽车身份证”。

VIN的每位代码都代表汽车某一方面信息。按识别代码编码顺序，从VIN中可以识别出该车的生产国家、制造公司或生产厂家、车辆类型、品牌名称、车型系列、车身形式、发动机型号、车型年款（属哪年生产的年款型车）、安全防护装置型号、检验数字、装配工厂名称和出厂顺序号码等等。

各国技术法规一般只规定车辆识别代码的基本要求。如其应由17位代码编码组成，字母和数字的尺寸、书写形式、排列位置和安装位置等，都有相应规定，并且应保证30年内不会重号。除对个别符号的含义有硬性规定外，其他不作硬性规定，由生产厂家自行规定其代表的含义。

我国原机械工业部于1996年12月25日发布的《车辆识别代号（VIN）管理规则》中规定："1999年1月1日后，适用范围内的所有新生产车必须使用车辆识别代号"。2004年，国家发展和改革委员会公告（2004年第66号）颁布了新的《车辆识别代号（VIN）管理规则》，从当年12月1日起实行，原管理规则作废。国家标准《道路车辆－车辆识别代号（VIN）》（GB 16735—2004）于2004年7月12日由国家质检总局、国家标准化管理委员会正式批准，于2004年10月1日实施。国家标准《道路车辆－车辆识别代号（VIN）》（GB 16735—2004）与《道路车辆－世界制造厂识别代号（WMI）》（GB 16737—2004）标准配套使用，在全国范围内规范车辆的生产，为管理提供依据。《道路车辆－车辆识别代号（VIN）》（GB 16735—2004）是在《道路车辆－车辆识别代号（VIN）位置与固定》（GB/T 16735—1997）、《道路车辆－车辆识别代号（VIN）内容与构成》（GB/T 16736—1997）二项已有国家标准的基础上进行适当调整、修改形成的，代替上述两项推荐性国家标准。

3.1.3.1　基本要求

（1）每一辆机动车都必须有车辆识别代号。

（2）在连续30年内生产的任何机动车，其识别代号不得相同。

(3) 车辆识别代号应尽量标示在车辆右侧的前半部分，易于看到且能防止磨损或容易被替换的结构件上。

(4) 9座或9座以下车辆和最大总质量小于或等于3.5t的载货汽车的车辆识别代号应永久标示在仪表盘靠近风窗立柱的位置，在白天不需移动任何部件，从车外就能够分辨出来。

(5) 车辆识别代号的字码在任何情况下都应是字迹清楚、坚固耐久和不易替换的。车辆识别代号的字码高度：若直接打印在车辆结构件上，则字高应不小于7mm，深度应不小于0.3mm；其他情况字高应不小于4mm。

(6) 车辆识别代号不能采用的阿拉伯数字和罗马字母（大写）有：阿拉伯数字－0；罗马字母－I、O、Q、U、Z。

(7) 车辆识别代号标示在车辆或标牌上时，应尽量标示在一行，可不使用分隔符。特殊情况下必须标示在两行时，两行之间不应有空行，每行的开始与终止处应选用一个分隔符。

(8) 车辆识别代号在文件上标示时应标示在一行，不允许有空隔，不允许使用分隔符。

(9) 车辆识别代号还应标示在产品标牌上（两轮摩托车和轻便摩托车可除外）。

(10) 车辆识别代号可采用人工可读码形式或机器可读的条码形式进行标示。若采用条码，应符合国家标准《车辆识别代号条码标签》（GB/T 18410—2001）的要求。

3.1.3.2 基本内容

车辆识别代号由三部分组成：第一部分，世界制造厂识别代号（WMI）；第二部分，车辆说明部分（VDS）；第三部分，车辆指示部分（VIS），如图3-9所示。

(1) 世界制造厂识别代号（WMI）。该代号必须经过申请、批准和备案后方能使用。由国际组织按地理区域分配给各国，各国再分配给本国的制造厂。中国由天津汽研中心标准所代理，国家经贸委备案。

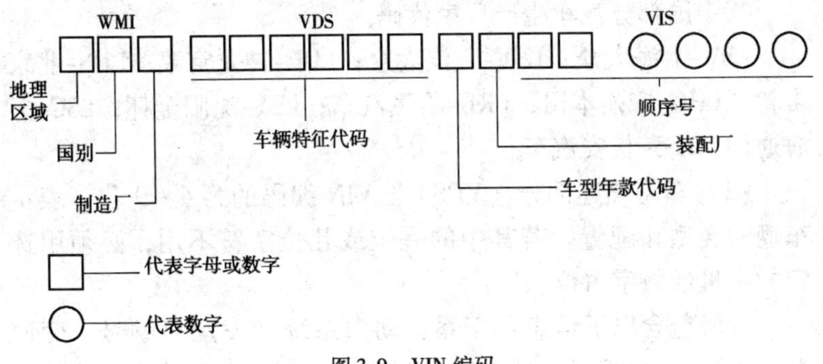

图3-9　VIN编码

第一个字码：地理区域代码，如非洲、亚洲、欧洲、大洋洲、北美洲和南美洲。

第二个字码：国家代码。美国汽车工程师协会（SAE）分配国家代码。

第三个字码：制造厂代码，由各国分配。若制造厂的年产量少于500辆，其WMI代码的第三个字码为9。生产规模大的汽车厂则用于分配车系。

①美国部分汽车生产厂家代码。

1FD、1FT-福特；1G0、1G9、1G9-通用；1B3、4P3-克莱斯勒。

其中，1A-10、4A-40、5A-50代表在本土生产；2代表在加拿大生产；3代表在墨西哥生产。

②德国部分汽车生产厂家代码。

WD3、WDB、8A3、8AB、9BM、3MB－戴姆勒克莱斯勒；WV1、WV2、WV3、WVM-大众；WBA/WBS/WB1/4US-宝马。

其中，W代表在德国本土生产；8代表在阿根廷生产；9代表巴西生产。

③日本部分汽车生产厂家代码。

JAA、JAJ、JAL-五十铃；JA5、JB5、JJ5、JMA、JP5-三菱；JSA-铃木；JT1、JT7-丰田；JT6、JT8-凌志；JHM、JH4、1HG-本田。

④中国部分汽车生产厂家代码。

LSV-上海大众；LFV-一汽大众；LDC-神龙富康；LEN-北京吉普；LHG-广州本田；LKD-哈飞汽车；LSY-沈阳金杯；LSG-上海通用；LS5-长安汽车。

（2）车型描述部分（VDS）。VIN编码的第4～9位，表示车辆的类型和配置。若其中的一位或几位字符不用，必须用选定的字母或数字占位。

一般包含以下信息：车系；动力系统（发动机型号、变速器形式）；车身形式；约束系统配置（气囊、安全带等）校验位（第9位，用0～9或X表示）。

此部分应能识别车辆的一般特性，其代号顺序由制造厂决定。

（3）车型指示部分（VIS）。第10～17位，制造厂为了区别每辆车而指定的一组字符，最后四位字符应是数字。

①第10位表示年份，年份代码按表3-3规定使用（30年循环一次），不能使用数字0或字母I、O、Q、U、Z。

②第11位使用字母或数字来指示装配厂，若无装配厂，制造厂可规定其他的内容。

③第12～17位代表机动车的生产顺序号。

代表车辆生产年份的字码 表3-3

年份	代码	年份	代码	年份	代码	年份	代码	年份	代码
1971	1	1981	B	1991	M	2001	1	2011	B
1972	2	1982	C	1992	N	2002	2	2012	C
1973	3	1983	D	1993	P	2003	3	2013	D
1974	4	1984	E	1994	R	2004	4	2014	E
1975	5	1985	F	1995	S	2005	5	2015	F
1976	6	1986	G	1996	T	2006	6	2016	G
1977	7	1987	H	1997	V	2007	7	2017	H
1978	8	1988	J	1998	W	2008	8	2018	J
1979	9	1989	K	1999	X	2009	9	2019	K
1980	A	1990	L	2000	Y	2010	A	2020	L

3.1.3.3　VIN 标牌的位置

对于 VIN 标牌所在的位置，各大汽车制造厂不完全一样，一般在：风窗玻璃左下侧，门柱上；防火墙上；发动机、车架等大部件上；左侧轮罩内；转向柱上；散热器支架上；发动机前部的加工垫上；质保和维护手册、车主手册上。图 3-10 为 VIN 码在各种车型中有可能贴的位置。

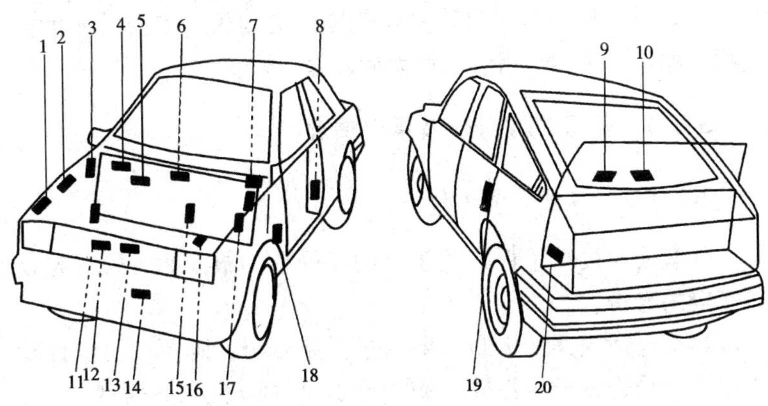

图 3-10　VIN 码装贴在各种车型中的位置
（图中数字 1 ~20 为 VIN 可能装贴的位置）

3.1.3.4　VIN 示例

【案例 3-1】　上海大众汽车有限公司生产的一款汽车，其 VIN 编码（见图 3-11）的具体解读见光盘中的附表 3-2。

LSVHJ133022221761

图 3-11　桑塔纳轿车的 VIN 码

解读LSVHJ133022221761的具体含义就是：2002年由上海大众汽车有限公司生产的桑塔纳2000型轿车，该车配备AYJ发动机，FNV（01NA）自动变速器，出厂编号221761。

3.2 碰撞损失的责任划分

机动车发生碰撞事故以后，查勘人员要首先进行准确的责任划分。只有那些属于保险责任范围内的损失，本公司才负责定损、赔偿。否则，后续工作无从谈起。

3.2.1 验证汽车身份及承保情况

3.2.1.1 验证汽车身份

保险公司接受了保户关于标的车受损的报案后，要首先查验车辆的身份。

接受电话报案的人员，要通过保单号码、牌照，初步查验事故车辆是否属于本公司承保的车辆，以便决定是否受理。

假如属于本公司承保的车辆，要安排查勘人员前往事故实施查勘，假如不是，则回绝。

查勘人员来到现场后，再次确认车牌照是否属于本公司承保的车辆，假如牌照没有问题，则进一步查验行驶证、VIN码、车架号码等，验明事故车辆是否确实为标的物。主要内容有：

（1）查验VIN码、车牌照、车架号是否与保单一致。

（2）查验行驶证上的彩照与实物是否相符；行驶证纸质、印刷、字体、字号是否存在疑问。

（3）查验行驶证防伪标记，看是否有伪造嫌疑；核对行驶证副页上检验合格章，看是否在有效期内。其中，最常见的伪造，就是行驶证副页上的检验合格章不是由相关部门按时加盖的。

（4）验明行驶证上的车主与保险单是否相同，不相符时是否有保险公司的批改单，一般说来，未经保险人同意的转让，可认为被保险人对标的车已不具备保险利益。

3.2.1.2　验证承保情况

通过投保情况的验证，可以有效区分本次碰撞的事故损失是否属于保险责任。

(1) 验证保险期限。验证出险时间是否在保险有效期限之内，要充分注意在保单起止日两周之内的报案，尽可能排除道德风险。

(2) 验证承保险种。明确本公司对本车承保了哪些险种，对于界定相关损失是否属于保险责任至关重要。例如：

①只承保了交强险，保险公司一概不考虑本车损失，第三者的损失也是分项限额赔付；

②只承保了第三者责任险，对于本车损失，保险公司一概不用考虑；

③车上人员有伤亡时，假如没有承保车上人员责任险，无需赔付；

④被保险车辆造成损失后，假如没有投保新增设备险，而恰恰是新增设备发生了损坏，则无需考虑新增设备的赔付问题；

⑤被保险车辆与非机动车碰撞，如果保险公司承保了无过失责任险，则应该赔付；

⑥被保险车辆的车身有划痕时，假如车主投保了车身划痕险，则应该在限额内赔付；

⑦假如没有承保玻璃单独破碎险，而只是风窗玻璃破碎的话，无需赔付。

(3) 验证车辆类型及型号。验证行驶证登载的车辆类型，是否为保险公司允许承保的车辆类型，以核实行驶证所登载的车辆类型与保单是否一致，被保险人是否履行了如实告知义务。

(4) 验证约定内容。验证报单是否约定了驾驶人，是否约定了行驶区域，是否约定了车上人员指定座位。

3.2.2 验证驾驶人身份

一般说来，只有车主允许的合格驾驶人驾驶的合格被保险车辆时，由于非故意原因造成的损失，才有可能得到赔付。因此，验明驾驶人身份、驾驶证真伪、驾驶证是否有效，显得十分必要。

根据《中华人民共和国机动车驾驶证管理办法》规定：在道路上驾驶民用机动车辆者，须申请领取机动车驾驶证；实行驾驶证准予驾驶相关车辆制度；机动车驾驶证的有效期为6年；持未记载审验合格的驾驶证不具备驾驶资格；驾驶证持有人从事道路驾驶教练的，应持有相应准驾车型驾驶证五年以上；机动车驾驶人在机动车驾驶证丢失、损毁、超过有效期或者被依法扣留、暂扣期间以及记分达到12分的，不得驾驶机动车。

根据上述规定，需要查验的内容主要有：

（1）查验驾驶证真伪，确定驾驶被保险车辆者是否为中华人民共和国合格的驾驶人。

（2）查验驾驶证是否按期进行了有限期审验。

（3）查验交警的通报，看持证人的驾驶证是否在一个记分周期内被扣满了12分，而且未经重新学习、考试合格。

（4）通过查验驾驶证准驾类型，确定驾驶被保险车辆者是否具有驾驶该车的资格？如：C本驾大货车、B本或C本驾驶大客车、军本驾民车、民本驾军车、普通本驾危险品运输车等都属于不具备驾驶相关车辆的资格。

（5）机动车驾驶人在实习期内是否因为驾驶公共汽车、营运客车或者执行任务的警车、消防车、救护车、工程救险车以及载有爆炸物品、易燃易爆化学物品、剧毒或者放射性等危险物品的机动车而出险；驾驶的机动车是否因为牵引了挂车而出险。

（6）查验保单，并比照驾驶执照，看是否是保单约定驾驶人驾驶被保险车出的险。

(7) 通过询问，确定是否是被保险人允许驾驶人驾驶被保险车发生的事故。

(8) 通过询问和其他方式，确认驾驶人是否为酒后、吸毒、或者服用了相关免责范围的药物后驾驶被保险车出的险。

(9) 驾驶人冒名顶替。

3.2.3 验证承保汽车

根据保险条款，假如“保险车辆不具备有效行驶证件”，一般属于责任免除范围；承保的汽车“自然磨损、锈蚀、故障、轮胎单独损坏”，也不属于赔偿范围。另外，根据汽车产品的免费维修规定以及交通部门制定的相关维修规定，在新购汽车的一定时期或者维修汽车的一定时限，所发生的故障有可能属于汽车生产厂家或维修厂家的责任，无需保险公司担责。

3.2.3.1 验证相关牌证

根据《中华人民共和国道路交通安全法实施条例》的规定，初次申领机动车号牌、行驶证的，应当向机动车所有人住所地的公安机关交通管理部门申请注册登记；机动车登记证书、号牌、行驶证丢失或者损毁，机动车所有人应申请补发；已注册登记的机动车所有权发生转移的，应当及时办理转移登记；已注册登记的机动车达到国家规定的强制报废标准的，公安机关交通管理部门公告该机动车登记证书、号牌、行驶证作废。

因此，正常使用的机动车，均应有与车主对应的机动车登记证书、号牌、行驶证，如标的车没有号牌和行驶证，应该视为不合格车，可以拒赔或增加免赔（有特别约定的除外）。

3.2.3.2 验证新车质量

现在，基于市场竞争的需要，汽车生产厂家都规定了自己各自不等的免费维修规定。就轿车而言，大多执行两年或五万（或六万、八万）公里的免费维修规定（任何一项达到均中止）。在这个限度内，汽车所发生了非故意损坏的机械故障，一般由生产厂家负责解决。

【案例3-2】 一辆购买了大约半年的某款新车，一日在高速路正常行驶时驾驶人嗅到了一股焦糊味。路边停车，发现仪表台内冒出了黑烟。经全力扑救后，火未燃起，但部分线路、内饰被烧坏（图3-12）。

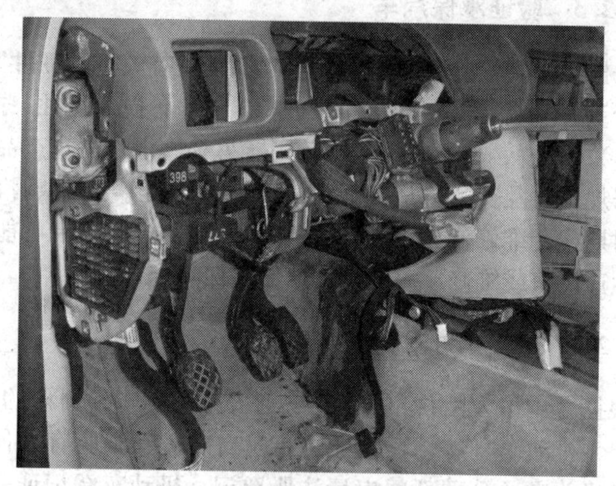

图3-12 因制造质量而自燃的新车

按照保险条款，这种情况完全符合自燃特征。假如查勘定损人员以自燃险赔付，肯定没有什么疑义。

查勘人员经过检查、分析后，认为：汽车的自燃，首先是因为仪表台下方的线路因故障而产生了高温，将导线外包皮烧焦，仪表台是因受高温烘烤而变软熔化的。这明显属于产品质量问题。

于是，他们建议车主先找经销商解决。协商未果后，又建议委托产品质量鉴定部门鉴定。最终得到了“故障起因属于产品质量存在缺陷”的结论，拒赔了该起事故所造成的全部损失。

3.2.3.3 验证维修质量

汽车维修隶属于交通运输部以及各省交通厅管理。为了维护汽车用户的权益，原交通部出台了《机动车维修管理规定》(2005年8月1日开始实施)。其中涉及到维修质量的相关条款为：

第三十七条　机动车维修实行竣工出厂质量保证期制度。

汽车和危险货物运输车辆整车修理或总成修理质量保证期为车辆行驶20 000公里或者100日；二级维护质量保证期为车辆行驶5000公里或者30日；一级维护、小修及专项修理质量保证期为车辆行驶2000公里或者10日。

摩托车整车修理或者总成修理质量保证期为摩托车行驶7000公里或者80日；维护、小修及专项修理质量保证期为摩托车行驶800公里或者10日。

其他机动车整车修理或者总成修理质量保证期为机动车行驶6000公里或者60日；维护、小修及专项修理质量保证期为机动车行驶700公里或者7日。

质量保证期中行驶里程和日期指标，以先达到者为准。

机动车维修质量保证期，从维修竣工出厂之日起计算。

第三十八条　在质量保证期和承诺的质量保证期内，因维修质量原因造成机动车无法正常使用，且承修方在3日内不能或者无法提供因非维修原因而造成机动车无法使用的相关证据的，机动车维修经营者应当及时无偿返修，不得故意拖延或者无理拒绝。

在质量保证期内，机动车因同一故障或维修项目经两次修理仍不能正常使用的，机动车维修经营者应当负责联系其他机动车维修经营者，并承担相应修理费用。

第三十九条　机动车维修经营者应当公示承诺的机动车维修质量保证期。所承诺的质量保证期不得低于第三十七条的规定。

注：以清洁、润滑、紧固为主，并检查有关制动、操纵等安全部件统称为一级维护。车辆行驶7 500～10 000公里所做的正常维护，称为二级维护。

【案例 3-3】 一辆丰田凯美瑞轿车，在发动机进行了大修后的 65 天，在高速公路超车时，发现路上有一石块，制动已来不及了，只能从石头上“骑”过去，听到“噹”的一声响，停车后发现发动机下有机油，拖至修理厂。

在修理厂拆检发现：第一缸缸体的右侧有一个 60mm × 50mm 的不规则孔洞（图 3-13）；第一缸内表面上侧及左侧有击打痕迹多处；第一缸曲轴连杆轴径有烧蚀，曲轴有碰擦痕迹，其他缸主轴承及连杆轴承均正常；铝质油底壳与第一缸连杆轴承相对处内表面有多处击打痕迹和多个击穿孔洞，并且有一道穿透裂纹；第一缸连杆折断连杆大头粉碎，活塞粉碎，只剩活塞头部；连杆螺栓断口处弯曲变细；各缸活塞均有与气门碰撞痕迹，但第一缸活塞碰撞较轻。

图 3-13 损坏了丰田凯美瑞轿车发动机

根据拆检所发现的现象，结合汽车发动机的工作原理分析，假如汽车发动机只是“拖底”，绝对不可能造成这样的损坏。由于第一缸连杆螺栓为受拉变形至折断，且曲轴只有第一缸连杆处有烧灼痕迹。可以得出如下结论：该发动机的损失是由于第一缸连杆螺栓折断造成的机械事故引起的，而连杆螺栓的折断则是由于发动机大修时的拧紧力矩过大或者螺栓有缺陷造成的。

这属于典型的维修质量有缺陷。

3.2.3.4　查验汽车改装情况

根据《中华人民共和国机动车登记规定》（公安部令第72号）第十七条，在不影响汽车安全和识别号牌的情况下，机动车所有人可以自行变更以下内容：

①小型、微型载客汽车加装前后防撞装置。

②货运机动车加装防风罩、水箱、工具箱、备胎架等。

③机动车增加车内装饰等。

除以上三项内容外，其他项目未经公安机关交通管理部门批准，一律不许改动，所涉及到的主要内容有：第一，改变机动车车身颜色的；第二，更换发动机的；第三，更换车身或者车架的；第四，因质量有问题，制造厂更换整车的；第五，营运机动车改为非营运机动车或者非营运机动车改为营运机动车的。

另外，汽车的外形、结构，即使申请改变，一般也不会获得批准的。

汽车自行改装，破坏了其整体性能，影响了行驶安全，已经不是原来意义上的车辆了。

汽车的常见自行改装形式有：增加钢板弹簧片数或厚度、加大轮胎、增加车厢长度、增加栏板高度等。

3.2.3.5　查验汽车是否已经报废

目前我国实行的汽车报废年限规定，是根据原国家经济贸易委员会、原国家发展计划委员会、公安部、国家环境保护总局《关于调整汽车报废标准若干规定的通知》（国经贸资源［2000］1202号）精神制定的，不同车型的具体报废规定见光盘中的附表3-3。

3.2.4　验证汽车的使用是否合乎规定

合格机动车不合规定保险规定使用的情况主要体现在3个

方面：使用性质不附；违章装载；未按约定区域行驶。

3.2.4.1 查验是否与保单载明的使用性质一致

从机动车辆保险角度划分，机动车的常见使用性质一般可以划分为：党政机关用车、企业自备用车、个人私用车、租赁用车、出租用车、营业性用车等。

两种常见的使用性质与保单不符的情况为：

（1）家庭自用车或非营运车从事营业客运。假如怀疑承保的非营运客车出现了这种现象，可以通过调查驾驶人与被保险人、乘客与驾驶人、乘客与被保险人的关系，以及标的车的行驶线路（常为车站、码头等）来获取从事营业性客运的依据。

（2）营运货车按非营运货车投保。假如怀疑承保的非营运货车从事了营运，可从车辆状况、行驶里程来初步辨别其是否在从事营运，并具体采用索取营运证复印件和机动车登记证相关信息、调查货物的来龙去脉等方式取证。

3.2.4.2 查验装载情况

根据《中华人民共和国道路交通安全法实施条例》第五十四、第五十五、第五十六条的规定：

机动车载物不得超过机动车行驶证上核定的载质量，装载长度、宽度不得超出车厢。只要装载货物的长度、宽度超过车厢，一旦发生保险责任事故，即可拒赔或增加免赔。

客车不得超载，但按照规定免票的儿童除外，在载客人数已满的情况下，按照规定免票的儿童不得超过核定载客人数的10%。载货汽车车厢不得载客。在城市道路上，货运机动车在留有安全位置的情况下，车厢内可以附载临时作业人员1～5人。假如载客不符合规定，一旦发生保险责任事故，就可拒赔或增加免赔。

载货汽车、半挂牵引车、拖拉机只允许牵引一辆挂车，挂车不得载人，所牵引车的载质量不得超过本车载质量。假如牵引不符合规定，一旦发生保险责任事故，就可拒赔或增加免赔。

3.2.4.3　查验行驶路线

查验保险车辆出险时的的行驶路线，主要是为了看其是否存在违章行车的现象。例如：

（1）出险地点是否超出了报单约定的行驶区域。

（2）出险地点是否属于在保险合同规定的免责路段行驶时发生事故导致的损坏。

（3）出险地点是否属于超出了保单所列明的行驶区域（如驾驶教练车在高速公路行驶）。

（4）出险地点是否属于保单列明的责任免除地（如在营业性修理厂、收费停车场等处发生的损坏）。

（5）在这些路段或场所发生的损失，或可拒赔，或可增加免赔率。

3.2.5　损失近因分析

根据保险的“近因原则”，保险公司对直接由承保风险引起的任何损失，均负赔偿责任；对于非直接由承保风险引起的任何损失，均不负赔偿责任。所谓近因，是指造成保险标的损失的最直接的、最有影响力的原因，它是从原因发生的效果上判断而不是从时间上判断。在造成损失的原因有两个以上，且各个原因之间存在因果关系的，其最先发生并造成一连串事故的原因即为近因。

【案例3-4】 某日，一家运输公司的货车将行人李某撞伤。经交警部门认定，该车驾驶人违章超载，经路口人行横道时，没有注意避让行人，造成交通事故，应负全责。由于该车购买了50万元限额的第三者责任险。运输公司先行向受害人赔付了各项损失25万元后，向保险公司索赔，但遭拒。理由是：保险合同第二十五条规定“保险车辆装载必须符合机动车辆装载的有关规定，使其保持安全行驶技术状态”；第三十条规定“被保险人不履行第二十五条之规定，保险人有权拒绝赔偿”。该车出险时已经超载，不属于保险责任的范围。引发了诉讼。

经审理，法院终审认为，该车违反保险合同关于车辆适载的约定，且超载成为导致事故发生的原因之一，因此保险公司有权拒赔。法官解析的理由是：虽然根据保险法及保险合同关于第三者责任险的规定，免责事项中因驾驶人违章引起的，主要是无证驾驶，证照不符，酒后驾车、车辆逃逸等情况，超载并非法定或约定免责的事项，但超载条款的约定，有其合法合理的地方。车辆适载的规定一旦不被遵守，车辆上路后危险程度便大大加强，一方面不能保障正常的道路行驶，一方面也加大了保险公司的承保风险，这对保险公司而言是极不公平的。因此，车辆投保后，作为投保人和被保险人负有使车辆处于适载状态的义务，包括对车辆常规车况的检查，车辆装载符合交通法规定的高度、宽度、载重的限制。但是，目前超载是一种很普遍的现象，如果一旦超载，保险公司便可以免赔，那么投第三者责任险就没有任何意义，这对投保人、被保险人显然是不公平的。因此，应当进一步考虑超载行为与事故之间的因果关系。如果事故和超载没有因果关系，则保险公司应当予以赔偿。如果存在因果关系，则对于事故是否是超载引发的，超载是否是事故发生的主要原因，被保险人负有举证义务，如果不能举证，保险公司有权拒绝赔偿。这样才能既尊重当事人合法的约定，又依法作出对投保人有利的解释，使条款的适用更趋公平、合理。

【案例3-5】 唐先生驾车途中，由于同向行驶的汽车突然变道，为避免两车相撞，慌忙间急打转向盘，导致汽车撞上路边护栏。他当即要求肇事车主给予理赔，但对方却认为汽车并未发生碰撞，不符合第三者责任险理赔标准，建议他去保险公司按照车损险标准理赔。第二天，唐先生拿着交警出具的事故证明去保险公司申请理赔时，却被拒绝。

肇事车主观点：我的汽车并未与他发生碰撞，为什么要我负责啊?

承保唐先生汽车的保险公司：尽管两车未直接碰撞，但根据“近因原则”，这起事故的确是由肇事车主的汽车突然变道而引起的，而变道的直接后果从理论上讲应该是两车相撞，实际上因唐先生的紧急避险，才导致对方汽车无恙。但这不能作为对方不承担理赔责任的理由，毕竟汽车变道是引起事故的直接原因。

专家观点：首先，根据《民法通则》第一百二十九条规定“紧急避险造成损害的，由引起险情发生的人承担民事责任。”由于肇事车主的汽车突然变道，是导致唐先生在紧急避让中汽车被撞受损的直接原因，所以他必须承担起这起事故的赔偿责任。其次，依据机动车辆保险法的相关规定，被保险人在使用保险车辆过程中发生意外事故，致使第三者遭受人身伤亡或财产直接损毁，依法应由被保险人支付的赔偿金额，保险人依照保险合同给予赔偿，所以，保险公司也应当承担肇事车主所导致的事故损失的理赔义务。第三，因紧急避险采取措施不当或者超过必要的限度，造成不应有的损害的，紧急避险人应当承担适当的民事责任。譬如，假设唐先生在紧急避险过程中没有紧急制动，反而猛踩加速踏板，加速行驶以避让碰撞，接连撞上几辆车，将原本的两车受损扩展为多车受损，甚至将一起原本简单的汽车碰撞事故“升级”为人员伤亡事故，那么他也难逃承担相应的民事责任。

3.3 汽车碰撞分析

汽车的碰撞一般有三种形式：弹性碰撞、非弹性碰撞和塑性碰撞。试验表明，当汽车以不大于5km/h的速度对墙壁冲撞时，会完全弹回而不受任何损坏，这可近似地看成是弹性碰撞。如果汽车以大于60km/h的速度向墙壁冲撞时，前部会留下永久变形，这可近似看成是塑性碰撞。在这两种速度之间的碰撞，则一部分为永久变形，另一部分为弹性变形，为非弹性碰撞。

3.3.1 正面碰撞

汽车与汽车的正面碰撞主要有三种：

一是超车形成的正面碰撞。超越车在超越缓慢行驶的前车时，驶入对向车道而与迎面来车发生了碰撞，这种碰撞多数是由驾驶人的认知错误产生的。

二是在弯道上形成的正面碰撞。这种碰撞多数是由于视距过小，驾驶人发现来车过晚或高速行驶脱离本车道，驶向对面车道等原因引起的。

三是瞌睡碰撞，即驾驶人由于瞌睡而失去知觉，丧失对汽车的控制能力造成的。

汽车正面碰撞时，相互作用时间极短，而冲击力却很大，其他外力的作用可以忽略不计。根据动量守恒定律可知有效碰撞速度越高，恢复系数越小，碰撞越激烈，越接近塑性变形。在有乘员伤亡的事故中，均可按塑性变形处理。在汽车正面碰撞的事故中，常伴随有人身伤亡和车体塑性变形。

3.3.2 汽车追尾碰撞

追尾碰撞有下列特点：第一，被碰撞车认知时间很晚，很少有回避动作。第二，恢复系数比正面碰撞小得多。因为车体前部装有发动机，刚度高，而车体后部（指轿车）是空腔，刚度低。追尾碰撞的变形主要是被撞车的后部，故恢复系数比正面碰撞小得多。有效碰撞速度达到 20 km/h 时，恢复系数近似为零，碰撞车停止后，有时被碰撞车还会继续向前滚动一段距离。

在追尾事故中，如果是同型车，则碰撞车的减速度等于被碰撞车的加速度；如果不是同型车则减速度与质量成反比。碰撞车的前部变形很小，而被碰撞车的后部有较大的变形，故追尾事故中的机械损失应等于被碰撞车后部的变形能。

轿车与载货汽车，由于结构不同，往往发生钻碰现象。

3.3.3 直角侧面碰撞

侧面碰撞包括迎头的侧面碰撞、右转碰撞和左转碰撞。一般迎头侧面碰撞较多，而右转时的碰撞较少，其比例大约是，迎头侧面∶左转∶右转＝5∶3∶1。

迎头侧面碰撞是直角侧面碰撞，而在右转和左转碰撞中一般是斜碰撞。

由于被碰撞车多数是在行驶状态，因而相互碰撞的车辆除受碰撞力的力矩作用外，还受摩擦力作用。

在直角侧面碰撞中被碰撞车在碰撞方向上的速度分量是零。故碰撞时，碰撞车的速度就是有效碰撞速度。

试验表明：相对被碰撞车的质心，碰撞点偏心距离短的前部碰撞，变形量最大；被碰撞车在行驶状态比静止状态的变形量大。

碰撞车和被碰撞车在行驶时，发生直角侧面碰撞时，碰撞车的前部受摩擦力作用，要出现弯鼻式变形。

3.3.4 斜碰撞

斜碰撞的形成有下列3种情况：

（1）在引起正面碰撞中，碰撞车在超越中心线或返回本车道的过程中，多形成斜碰撞。

（2）在直角侧面碰撞中，碰撞车的驾驶人总是力图摆脱事故的发生而急剧打转向盘，形成斜碰撞。

（3）在左转和右转碰撞中，多数也形成斜碰撞，但在这种情况下被碰撞车多数是处于停止或近似停止的缓慢行驶状态。

当轿车和载货车发生斜碰撞时，若载货车向着轿车的质心冲击，不一定不引起回转；若合力指向轿车质心，则轿车只有平移运动而无回转；若作用在质心左侧，轿车向右回转；作用在轿车质心右侧，则向左回转。

3.4 汽车碰撞后的车辆定损

机动车碰撞之后，对车辆损失的定损涉及到对事故车辆所造成损失的鉴定、维修方案的制定、零部件维修还是更换的界定、所更换零部件的价格、整体维修工时费、更换零部件的残值等项内容，事故车辆损伤的维修流程如图3-14所示。

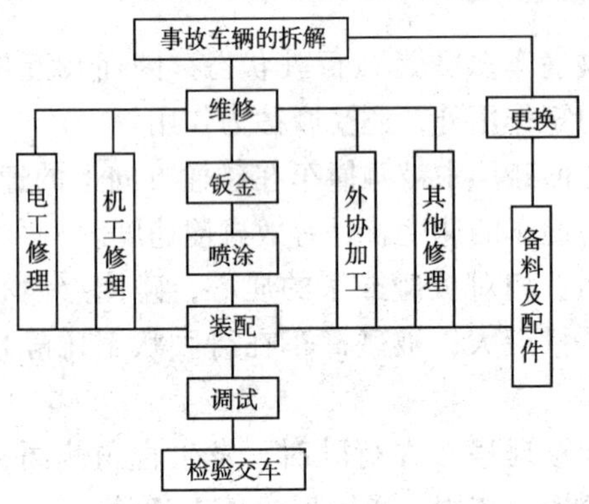

图3-14 事故车辆损伤的维修流程

3.4.1 事故车辆定损概述

3.4.1.1 事故维修与正常维修的区别

（1）维修起因有别。机动车的正常维修主要依据使用年限或行驶里程，也可根据性能退化决定是否需要维修。而事故车辆的修理则主要依据突发事故对车辆造成的损坏程度。

（2）维修目的不同。机动车进行正常维修时需发现和确定所存在的技术缺陷。依据“技术上可行、经济上合理”的原则，提出解决方案，排除已经发现的故障以及潜在的故障隐患，恢复汽车的正常性能。事故车辆维修是确定本次事故造成的损失，确定哪些零部件该换，哪些零部件该修及如何修理；确定更换零部件的价格，确定修理所需工时费；使机动车恢复到事故发生前的技术状态。维修事故车辆时，凡与本次事故无关或事故发生后未经处理继续使用导致扩大的损坏，即使存在问题也不必关注。例如，一辆汽车因为拖底而导致油底壳破碎，由于驾驶人没有及时停车，最终导致润滑油漏光，曲轴轴瓦抱死烧损。那么，在制定维修方案时，作为更换油底壳的费用、加注机油的费用，可以确定为本次事故造成的损失，由保险公司赔偿。但对扩大部分的损失，虽然维修时需要一并修复，但所需费用应由被保险人自己承担。

（3）依据标准不同。事故车辆碰撞以后，各部位变形的差别很大，修复的工作量差异也很大，依据的标准基本是行业内约定俗称的修换界定以及经济方面的合理性。正常维修时，各总成的拆装、修理及部件的修理，是根据汽车维修企业长期实践且经测算而取得的平均工时定额。依据的是各省交通厅颁发的汽车维修相关规定。

3.4.1.2　机动车辆保险定损的原则

对于出险车辆的定损，既要考虑保险公司的经济效益，也要考虑事故车辆修复后能基本恢复其原有性能。

对事故车辆的定损，需要遵循以下基本原则：维修仅限于本次事故造成的损失；能修理的零部件，不更换；能局部维修的，不扩大到整体修理；更换个别零部件可以恢复性能的，不更换总成；根据更换项目及维修难易，参照当地采购价格和工时费水平，确定维修费用。

3.4.1.3　机动车辆保险定损的方法

（1）定损的技术依据。准确定损必须首先借助可行的技术条件，这些技术项目包括：出险车辆的结构及整体性能；受损零部件拆装的作业量；受损零部件的性能鉴别；零部件的修理工艺；受损零部件的市场价格；修理所需辅助材料及用量；车辆修竣后的检查、鉴定技术标准。

(2) 修理范围的鉴别。保险公司只承担条款载明的保险责任所导致事故损失的经济赔偿，不负责赔偿机械事故、故意行为、以往事故造成的损失。

因此：

①凡因故意行为造成的机动车碰撞损失，不属于理赔范围。

②凡因制动失灵、机械故障、轮胎爆裂以及零部件的锈蚀、朽旧、老化、变形、断裂等现象所造成的损失，不负赔偿责任。若因这些原因而构成碰撞、倾覆、爆炸等保险责任的，对当时直接的事故损失部分可予负责，非事故损失部分不予负责。

③只承担本次事故造成的损失。属于本次事故碰撞的部位，一般会有脱落的漆皮和新的金属刮痕；非本次事故的碰撞处往往会有油污和锈迹。只所以要界定新、旧碰撞损失，是因为有个别车主，会将以往发生的小事故，或者与事故责任方私了的事故车，到保险公司定损、估价、获得赔偿后，并不去修复，与本次事故一并报案求损，这样就会造成重复定损。

④充分注意损坏了的零部件是否属于原厂配件。假如损坏的是副厂件，一般不更换原厂件。

3.4.1.4 定损所需的基本工具

对于已经造成了碰撞损坏的汽车，鉴定工作可能非常复杂，如果不借助适当的工具、按照规范的步骤进行检查，很难做到准确无误。定损人员在定损时常用的工具有：

(1) 必要的测量工具。如卷尺、量规等。

(2) 常用的手动工具。定损人员应当能够熟练使用扳手、螺丝刀和钳子等常用工具。以便能够熟练拆卸一些损坏的配件以便做进一步检查。

(3) 举升设备。定损人员应当能够自己操作举升机或千斤顶，对车辆进行正确的举升操作。因为对于较为严重的碰撞事故，一般都要将车辆举起以便检查车身底部。

(4) 记录信息的工具。可以用笔、本记录损伤情况，也可用语音方式将损坏情况记录在MP3等录音设备上，或者直接记录在手提电脑上。

(5) 查询配件信息的手册或软件：可以是原厂配件手册、第三方手册或估价软件，以便查询配件信息和关键尺寸。

3.4.1.5 定损的基本步骤

(1) 弄清事故的起源点，确定因肇事部位的撞击、震动可能会引起哪些部位损伤。

(2) 确定维修方案，并据此对损坏的零部件由表及里进行登记，且依据修复、更换的类别分别分类。

(3) 根据所确定的更换零件目录及所掌握的配件价格确定更换的材料费。

(4) 根据已确定的维修方案及修复工艺难易程度确定工时费用。

(5) 先签定“事故车辆估损单”协议，后让事故车进厂修理。

3.4.1.6 碰撞损伤鉴定评估注意事项

(1) 在查勘碰撞受损的汽车之前，先查看车上是否有破碎玻璃，是否有锋利的刀状或锯齿状金属边角。对危险部位做上安全警示，或进行处理。

(2) 如果发现汽油泄漏，切勿使用明火，切勿开关电器设备。事故较大时，可考虑切断蓄电池电源。

(3) 如果有机油或齿轮油泄漏，当心滑倒。

(4) 在检验电器设备的状态时，不要造成新的损伤。如：在车门变形的情况下，检验电动车窗玻璃升降功能时，切勿随意升降，以免造成玻璃损坏。

(5) 应在光线良好的场所进行碰撞诊断，如果损伤涉及底盘或需在车下进行细致检查时，务必使用汽车升降机，以保证评估人员的安全。

3.4.2 汽车碰撞损伤的区位检查法

进行事故车辆的定损时，定损人员应该掌握一套科学的损伤检查方法，这对于受损严重的事故车来说尤为重要。定损时如果不遵循规范的检查程序，很容易遗漏一些受损件或维修项目，或者对同一项目重复计算，制作出的定损单就会错误百出，不是损害保险公司利益，就是产生不必要的定损纠纷，也在一定程度上影响了自己的形象。

美国在对事故车辆的定损中最常用的规范程序就是“区位检查法”。这种方法最早是由美国汽车制造厂和汽车碰撞维修国际工业委员会（I—CAR）共同创立的，已经应用了许多年。这种方法按碰撞损坏规律把汽车分为五个区位：

一区：车辆直接受到碰撞的部位；

二区：受到间接损伤的车身其他部位；

三区：受到损伤的机械零部件；

四区：乘员舱，包括舱内受损的内饰、灯、附件、控制装置等；

五区：车身外部件和装饰件。

在对事故车定损时，应从一个区位到另一个区位逐处检查，同时按顺序记录损伤情况，所应该遵循的基本顺序是：

从前到后：对于前部碰撞，从车前往后依次检查；对于后端碰撞，则从后到前检查。

从外到内：先查外部零部件是否损坏，再检查内部结构件和连接件的损坏情况。

从主到次：先看主要总成损坏情况，再看小的器件、附件的损坏情况。

3.4.2.1 一区——直接损伤区

直接损伤情况因车辆结构、碰撞力度和角度的不同而有所不同。多数情况下，直接损伤会导致板件弯折、断裂和部件损坏。直接损伤直观明了，一般不需要测量（图3-15）。

图3-15　一区包括碰撞点附近的直接损伤

检查一区时，首先应检查外部装饰件、塑料件、玻璃、镀铬层以及外板下面的金属材料。

对于前部碰撞，应检查的项目通常有：前保险杠总成、格栅、发动机罩、翼子板、前照灯、玻璃、前车门、前车轮、油液的泄漏等。

对于后部碰撞，应检查的项目通常包括：后保险杠总成、后侧围板、行李舱盖、后车灯、玻璃、后车轮、油液的泄漏等。

对于侧面碰撞，应检查的项目通常包括：车门、车顶、玻璃、立柱、前车身底板、支承件、油液泄漏。

有时需将事故车举升起来，检查车身底板、发动机支架等支承件、结构性支承、横梁和纵梁等的损伤情况。一定要密切关注结构横梁，因为车辆的强度取决于所有结构件的状况。在修复事故车时，必须对所有的小裂缝、划伤或裂开的焊点进行适当修理。

为了检查哪些部位受到了损伤，应当查找以下线索或痕迹：缝隙；卷边损坏；裂开的焊点；扭曲的金属板。

3.4.2.2 二区——间接损伤区

车辆碰撞时，碰撞力会沿车身向各个方向传递，从而引起间接损伤。碰撞力扩展和间接损伤的范围取决于碰撞的力度和角度，以及车身纵梁和横梁吸收碰撞力的能力。为了在事故中保护乘员，许多承载式车身都设计了一些吸能区，可以在碰撞中产生变形，吸收碰撞力。这些吸能区通常会在碰撞中产生间接损伤。动力传动系统和后桥的质量也会引起间接损伤。当汽车由于碰撞突然停止时，这些重型机械零部件在惯性作用下继续前移，对其支座和支承构件产生一个强大的惯性力，从而造成相邻金属件变形、划伤或焊点开裂。因此，对于比较严重的事故，一定要仔细检查悬架、车桥、发动机和变速器的支撑点。

（1）间接损伤的直观痕迹。假如汽车的板件产生皱褶或变形、油漆产生皱褶或裂纹、板件之间的间隙变得不均匀、接缝密封裂开、焊点断开等现象时，可能预示着事故车还存在一些间接损伤或隐蔽损伤。

这些线索通常可以帮助我们查找到哪些部位可能受到间接损伤，例如，在查勘前部被撞的事故车时，可以查看翼子板、发动机罩和车门等板件之间的间隙是否不规则，对于严重的前部碰撞，应查看前风窗立柱上部与车门窗框前上角之间的缝隙是否增大，比较左右两边的缝隙，如果缝隙变大，说明前围板向上推动了立柱，并且可能已使车顶受损。车辆后部也可能受到间接损伤，以至于行李舱盖或背门无法打开和关闭。

查看外部板件是否产生皱褶。在严重碰撞事故中，中柱正上方的车顶板常常会产生皱褶。对于装有天窗的车辆，还要检查天窗窗框的各个边角是否有变形。外部板件的变形通常预示着内部结构件受到了间接损伤。

查看后轮罩上方、后门后部的后立柱下段是否开裂和变形，以及后角窗立柱正下方的后侧围板是否产生皱褶，这些痕迹都预示着后部车身纵梁可能弯曲。

打开发动机罩和行李舱盖，查看漆面是否产生皱折，焊点密封剂是否开裂，以及焊点是否断开。碰撞力可能会使金属板在焊点处撕裂，并且使油漆松脱。

（2）测量间接损伤。在评估车身的损伤时通常要参照车身尺寸图对车身的特定点进行测量。车身尺寸一般采用公制单位，用钢卷尺或轨道式量规就可以测量。量规测量的每个尺寸都应记录下来，而且必须另选两个控制点进行交错检查，其中至少有一个是对角线尺寸。最好选择悬架和机械零件的安装点作为量规的测量点，因为这些点对于定位至关重要。很多原厂车身尺寸手册中给出的尺寸是从轨道式量规杆上读取的测量值，而不是钢卷尺测量的绝对距离，实际作业时一定要仔细查看手册中的有关说明。

使用量规测量时，需要对照原厂车身尺寸规范，才能对车辆损坏情况进行精确评估。如果没有原厂车身规范，可以对一辆完好无损的相同车型进行测量，获得原厂尺寸。另外，如果车辆只有一侧损坏，通常可以对未损坏的一侧进行测量，然后比较这两侧的测量值。

3.4.2.3 三区——机械损坏区

对于前部碰撞的事故车，应检查发动机罩下的散热器、风扇、动力转向泵、空调器件、发电机、蓄电池、燃油蒸发炭罐、前风窗清洗器储液罐以及其他机械和电子元件是否损坏。查看油液是否泄漏、皮带轮是否与皮带不对正、软管和电线是否错位以及是否有凹坑和裂纹等。

如果碰撞比较严重，发动机和变速器也可能受损。如果条件允许，应当起动发动机，怠速到正常工作温度。举升车辆，使车轮离开地面，在各个挡位运转发动机，听一听有没有异常的噪声。对于手动挡的车辆，检查换挡是否平顺，离合器的工作是否正常。查看节气门拉索、离合器操作机构和换挡拉索是否犯卡。

打开空调，确保空调正常运转。查看充电、机油压力等仪表板灯和仪表，如果检查发动机故障灯或类似的灯点亮，说明发动机存在机械或电控故障。

现在很多车辆都装备了车载诊断系统（OBD），具有自诊断能力，在电控系统出现某些故障时，控制电脑将存储故障码。这些故障码可以通过解码器或其他诊断设备读出，其所表示的具体故障和维修步骤可以在维修手册中查到。故障码表示车辆的某个系统或部位存在故障，它对于快速诊断和故障维修很有帮助。但是，估损人员应当知道，有些故障码可能在事故之前就已经存储在控制电脑中了，这些故障码并不是事故引起的。对于这些故障码，其维修费用不应当包含在保险估损单中，因为保险公司只负责将车辆修复到碰撞前的状况，而没有责任修复以前本已存在的故障。对于这些事故发生前已经存在的故障，在修复之前应当告知车主，征得其同意，并应当由车主自己付费。

机械损坏有时是间接损伤而不是直接碰撞的结果。发动机和变速器的质量很大，在碰撞中会因惯性向前移动多达15cm，从而造成其附件和相关元器件的损坏。因为发动机和变速器在事故后能够回到其原来的位置，所以它们造成的间接损伤通常不太容易被注意到。应当仔细检查发动机座是否损坏，皮带轮和皮带是否不对正，以及软管和拉索是否松动。

在完成发动机舱的检查后，用千斤顶举起事故车，钻到车辆下面检查转向和悬架元件是否弯曲，制动软管是否扭绞，制动管路和燃油管路及其接头是否泄漏。检查发动机、变速器、差速器、转向机和减振器是否泄漏。将转向盘向左和向右打到头，检查是否犯卡，是否有异常噪声。转动车轮，检查车轮是否跳动，轮胎是否有裂口、刮痕和擦伤。降下车辆，使轮胎着地，转动转向盘，使车轮处于正直向前的位置，测量前轮毂到后轮毂的距离，左右两侧的测量值应当相同，否则，转向或悬架元件有损伤。

3.4.2.4 四区——乘员舱

乘员舱损坏可能是由碰撞力直接引起（如侧碰时）。而内饰和车内附件的损坏也可能是由乘员舱内的乘客和物品的碰撞能量引起的。

首先应检查仪表板。如果碰撞导致前围板或车门立柱受损，那么仪表板、暖风机芯和管道、音响、电子控制模块和安全气囊等就有可能受损。所有在三区检查中没有被查看的元器件都要进行检查。

检查转向盘是否损坏。查看其安装紧固件、倾斜和伸缩性能、喇叭、前照灯和转向信号灯开关、点火钥匙以及转向盘锁。转动转向盘，将车轮打到正直向前的位置，查看此时转向盘是否对中。对于吸能型转向盘，应查看它是否已经发生溃缩。

检查门把手、操纵杆、仪表板玻璃和内饰是否受损。打开、关闭并锁住杂物箱，查看杂物箱是否在碰撞中变形或损坏。检查制动踏板是否变形、犯卡或松脱等。掀开地毯，查看地板和踢脚板，看铆钉是否松脱，焊缝是否裂开。

检查座椅是否受损。汽车在前端受到碰撞时，乘客的身体质量会产生较大的惯性力，由于乘客被安全带捆绑在座椅上，所以这个惯性力可能会对座椅框架调节器和支撑件产生损害。汽车在后端受到碰撞时，座椅靠背的铰链点可能受到损害。将座椅从最前位置移动到最后位置，查看其调节装置是否完好。

检查车门的状况。乘客的惯性力可能损坏肘靠、内饰板件和车门内板。如果发生侧碰，门锁和车窗调节器也可能受损。即使是前端碰撞，车窗玻璃产生的惯性力也可能使车窗轨道和调节器受损。将车窗玻璃降到底后再完全升起，检查玻璃是否犯卡或受到干扰。将车窗降下4cm，查看车窗玻璃是否与车门框平齐。查看电动门锁、防盗系统、车窗和门锁控制装置以及后视镜的电控装置等所有附件是否正常。

检查乘员约束系统。当代汽车大都装备了被动式约束系统，应检查安全带是否能够正常扣紧和松开，安全带插舌和锁扣是否都完好。对于主动式安全带系统，检查其两点式和三点式安全带是否都能轻松地扣紧和解开。查看卷收器、D形环和固定板是否损坏。有些安全带有张力感知标签。如果安全带在碰撞中磨损，或者安全带的张力超过设计极限，张力感知标签撕裂，就必须予以更换。将安全带从卷收器中完全拉出，就可以看到这个张力感知标签。

还应当列出车内的非原装附件，如民用无线电装置、磁带播放机、立体声扬声器等。

3.4.2.5 五区——外饰和漆面

在车身、机械件、内饰和附件都检查完毕之后，再围绕车辆检查一圈，查看并列出受损的外饰件、嵌条、乙烯车顶板、轮罩、示宽灯以及其他车身附件。

打开灯光开关，检查前照灯、尾灯、转向信号指示灯和危险指示灯。车灯的灯丝通常在碰撞力的作用下断裂，如果碰撞时车灯处于点亮状态，灯丝就更容易断裂。

如果在一区和二区检查中没有查看保险杠那么现在就应该对保险杠进行检查。查看杠皮和防尘罩是否开裂，吸能装置是否受损或泄漏，橡胶隔振垫是否开裂。

仔细检查油漆的状况。记录下哪块油漆必须重新喷涂，并要列出那些需要特别注意的事项，如清漆涂层、柔性塑料件和表面锈迹。板件的轻度损坏可能只需进行局部喷涂，而有些维修项目则需要喷涂整块板件甚至多块板件。无论是哪种情况，都需要考虑新油漆与原有油漆的配色和融合工时。如果事故车的损坏非常严重，或者原有漆面已经严重老化，则可能需要进行整车喷漆。

检查漆面是否在事故前就已经损坏也很重要。这些事故前已有的凹痕、裂缝、擦伤和油漆问题应当不在保险公司的理赔范围内，其维修费用应当由客户自行承担。

3.5　碰撞致损部位的确定

3.5.1　碰撞对不同车身结构的影响

汽车车身既要经受行驶中的振动，还要在碰撞时能给乘员提供安全。因而，现代汽车的车身被设计成在碰撞时能最大限度地吸收能量，以减少对乘员伤害。乘用车碰撞时，前部、后部形成吸收能量的结构，使中部形成一个相对安全区，当汽车以48km/h的速度碰撞坚固障碍物时，发动机室的长度会被压缩30%～40%，但乘员室的长度仅被压缩1%～2%（图3-16）。

图3-16　轿车的碰撞变形区域

非承载式车身被碰撞后，可能是车架损伤，也可能是车身损伤，或车架车身都损伤。车架车身都损伤时可通过更换车架来实现车轮定位及主要总成定位，然而，承载式车身受碰撞后通常会造成车身结构件的损伤。通常非承载式车身的修理只需满足形状要求，而承载式车身的修理既要满足形状要求，更要满足车轮定位及主要总成定位的要求。所以碰撞对不同车身结构的汽车影响不同，从而造成修理工艺和方法的不同，最终造成修理费用的差距。

3.5.1.1　碰撞造成的非承载式车身变形种类

（1）左右弯曲。侧面碰撞会引起车架左右弯曲或一侧弯曲。

左右弯曲通常发生在汽车前部或后部，一般可通过观察钢梁内侧及对应钢梁外侧是否有皱曲来确定。通过发动机罩、行李舱盖及车门缝隙、错位等情况也能够辨别出左右弯曲变形。

（2）上下弯曲。汽车碰撞产生弯曲变形后，车身外壳会比正常位置高或低，结构上也有前、后倾现象。上下弯曲一般由来自前方或后方的直接碰撞引起，可能发生在汽车一侧也可能是两侧。判别上下弯曲变形时，可查看翼子板与门之间的上下缝隙，是否顶部变窄下部变宽？也可查看车门在撞击后是否下垂。

（3）皱折与断裂损伤。汽车碰撞后，车架或车上某些零部件的尺寸会与厂家提供的技术资料不相符，断裂损伤通常表现在发动机罩盖前移和侧移、行李舱盖后移和侧移。有时看上去车门与周围吻合很好，但车架却已产生了皱折或断裂损伤，这是非承载式结构不同于承载式结构的特点之一。皱折或断裂通常发生在应力集中的部位，而且车架通常还会在对应的翼子板处造成向上变形。

（4）平行四边形变形。汽车一角受到来自前方或后方的撞击力时，其一侧车架向后或向前移动，引起车架错位，使其成为一个接近平行四边形的形状。平行四边形变形会对整个车架产生影响。目测可见发动机室盖及行李舱盖错位，通常平行四边形变形还会带来许多断裂及弯曲变形的组合损伤。

（5）扭曲变形。当汽车高速撞击到与车架高度相近的障碍时，会发生扭曲变形。另外，尾部受侧向撞击时也会发生这种变形。受此损伤后，汽车一角会比正常时高，而相反一侧会比正常时低。应力集中处时常伴有皱折或断裂损伤。

3.5.1.2 不同碰撞部位对承载式车身的影响

承载式车身通常被设计成能很好吸收碰撞时产生的能量。这样一来，受到撞击时，车身由于吸收撞击能量而变形，使撞击能量大部分被车身吸收。

在受到碰撞时，车身能按照设计要求形成折曲，这样传到车身的振动波在传送时就被大大减小，即：来自前方的碰撞应力被前部车身吸收了；来自后方的碰撞应力被后部车身吸收了；来自前侧方的碰撞应力被前翼子板及前部纵梁吸收；中部的碰撞应力被边梁、立柱和车门吸收；来自后侧方的碰撞应力被后翼子板及后部纵梁吸收。

（1）前端碰撞，主动碰撞会导致前端致损。碰撞力取决于汽车重量、速度、碰撞范围及碰撞源。碰撞较轻时，保险杠会被向后推，前纵梁及内轮壳、前翼子板、前横梁及水箱框架会变形；如果碰撞加重，那么前翼子板会弯曲变形并移位触到车门，发动机罩铰链会向上弯曲并移位触到前围盖板，前纵梁变形加剧造成副梁的变形；如果碰撞程度更剧烈，前立柱将会产生变形，车门开关困难，甚至造成车门变形；如果前面的碰撞从侧向而来，由于前横梁的作用，前纵梁就会产生如图所示的变形。前端碰撞常伴随着前部灯具及护栅破碎、冷凝器、水箱及发动机附件损伤、车轮移位等。

（2）后端碰撞。汽车因后端碰撞造成损伤时，往往是被动碰撞所致。碰撞冲击力主要取决于撞击物的重量、速度，被碰撞的部位、角度及范围。如果碰撞较轻，通常后保险杠、行李舱后围板、行李舱底板可能压缩弯曲变形；如果碰撞较重，D柱下部前移，D柱上端与车顶接合处会产生折曲，后门开关困难，后风窗玻璃与D柱分离，甚至破碎。碰撞更严重时会造成B柱下端前移，在车顶B柱处产生凹陷变形。后端碰撞常伴随着后部灯具等的破碎。

（3）侧面碰撞。在确定汽车侧面碰撞时，分析其结构尤为重要。一般说来，对于严重的碰撞，车门A、B、C柱以及车身地板都会变形。当汽车遭受的侧向力较大时，惯性作用会使另一侧车身变形。当前后翼子板中部遭受严重碰撞时，还会造成前后悬架的损伤，前翼子板中后部遭受严重碰撞时，还会造成转向系统中横拉杆、转向盘齿轮齿条的损伤。

（4）底部碰撞。底部碰撞通常为因路面凹凸不平、路面上有异物等造成车身底部与路面或异物发生碰撞，致使汽车底部零部件、车身底板损伤。常见损伤有：前横梁、发动机下护板、发动机油底壳、变速器油底壳、悬架下托臂、副梁及后桥、车身底板等被损伤。

（5）顶部碰撞。汽车单独的顶部受损多为空中坠落物所致，以顶部面板及骨架变形为主。汽车倾覆是造成顶部受损的常见现象，受损时常伴随着车身立柱、翼子板和车门变形、车窗破碎。

3.5.2 车身碰撞损伤的目测

大多数情况下，碰撞部位能显示结构变形或断裂迹象。肉眼检查时，可后退几步，对汽车进行总体观察。从碰撞位置估计受撞范围大小及方向，并判断碰撞是如何扩散的。先从总体上查看汽车上是否有扭转、弯曲变形，再查看整个汽车，设法确定损伤位置及所有损伤是否都由同一事故引起。

碰撞力沿车身扩散，并使许多部位变形，碰撞力具有穿过车身坚固部位最终抵达并损坏薄弱部件，扩散并深入至车身部件内的特性。为了查找汽车损伤，必须沿碰撞力扩散的路径查找车身薄弱部位。沿碰撞力扩散方向逐处检查，确认是否有损伤和损伤程度。具体可从以下几方面加以识别。

3.5.2.1 钣金件截面变形

碰撞所造成的钣金件截面变形与钣金件本身设计的结构变形不一样，钣金件本身设计的结构变形处表面油漆完好无损，而碰撞所造成的钣金件截面变形处油漆起皮、开裂。车身设计时，要使碰撞产生的能量能按既定路径传递、到指定地方吸收。

3.5.2.2 零部件支架断裂、脱落及遗失

发动机支架、变速器支架、发动机各附件支架是碰撞应力

的吸收处，各支架在设计时均有保护重要零部件免受损伤的功能。在碰撞事故中常有各支架断裂、脱落及遗失的现象出现。

3.5.2.3　检查车身各部位的间隙和配合

车门是以铰链形式装在车身立柱上的，立柱变形会造成车门与车门、车门与立柱间隙不均匀。可通过简单地开关车门，查看车门锁与锁扣的配合，从锁与锁扣的配合可判断车门是否下沉，从而判断立柱是否变形，从查看铰链的灵活程度判断主柱及车门铰链处是否有变形。

在汽车前端碰撞事故中，检查后车门与后翼子板、门槛、车顶侧板的间隙，并做左右对比是判断碰撞应力扩散范围的主要手段。

3.5.2.4　检查汽车本身的惯性损伤

汽车碰撞时，一些质量较大的部件（如装配在橡胶支座上的发动机及离合器总成）在惯性力作用下会造成固定件（橡胶垫、支架等）及周围部件及钢板的移位、断裂等，应进行检查。对于承载式车身，还需查看车身与发动机及底盘的结合部是否有变形。

3.5.2.5　检查来自乘员及行李的损伤

由于惯性力作用，乘客和行李在碰撞中会引起车身二次损伤，损伤程度因乘员位置及碰撞力度而异，较常见的是转向盘、仪表工作台、方向柱护板及座椅等被损坏。行李碰撞是造成行李舱中部分设备（如CD机、音频功率放大器等）损伤的主要原因。

3.6　主要受损件修与换的掌握

在保证汽车修理质量的前提下，“用最小的维修成本完成汽车受损部位的修复工作”是定损事故汽车的基本原则。

但是，我国地域广阔，各地经济发展又极不平衡，体现在汽车维修领域，就是各地的工时费标准各不相同。在工时费较低的甲地可以修复的某个具体零部件，拿到了工时费较高的乙地可能就没有必要修复了。因此，在损失评估中，确定受损零件修与换的标准是一个难题，但一些基本的原则还是有共同规律的。

3.6.1 脆性材料的定损

汽车上的脆性材料主要包括玻璃及塑料。

基于降低车身自重的考虑，在塑料工业日益发展的条件下，车身各种零部件越来越多地使用了各种塑料，特别是在车身前端(包括保险杠、格栅、挡泥板、防碎石板、仪表工作台、仪表板等)。塑料在汽车上的推广和运用，就产生了修理碰伤的新课题。

汽车上的玻璃制品越来越多，如：前后风窗玻璃、车窗、天窗、后视镜、灯具等。

许多损坏的塑料件都可修复而用不着更换，特别是不必从车上拆下零件，如划痕、擦伤、撕裂、刺穿等，此外，由于某些零件不一定有现货供应，修理往往可迅速进行，从而缩短修理工期。

塑料件定损时，应考虑以下几个方面的因素：对于燃油箱及要求严格的安全结构件，必须考虑更换；整体破碎以更换为主；价值较低、更换方便的零件应以更换为主；应力集中部位，应以更换为主；基础零件，并且尺寸较大，受损以划痕、撕裂、擦伤或穿孔，这些零件拆装麻烦、更换成本高或无现货供应，应以修理为主；表面无漆面的、不能使用氰基丙烯酸酯粘结法修理的且表面光洁度要求较高的塑料零件，由于修理处会留下明显的痕迹，一般应考虑更换。

3.6.1.1 前、后保险杠及附件

保险杠主要起装饰及初步吸收前部碰撞能量的作用，大多用塑料制成。对于用热塑性塑料制成、价格昂贵、表面烤漆的

保险杠，如破损不多，可焊接。保险杠饰条破损后基本以换为主。保险杠使用内衬的多为中高档轿车，常为泡沫制成，一般可重复使用。对于铁质保险杠骨架，轻度碰撞常采用钣金修复，价值较低的中度以上的碰撞常采用更换的方法修复。铝合金的保险杠骨架修复难度较大，中度以上的碰撞多以更换为主。保险杠支架多为铁质，一般价格较低，轻度碰撞常用钣金修复，中度以上碰撞多为更换。保险杠灯多为转向信号灯和雾灯，表面破损后多更换，对于价格较高的雾灯，且只损坏少数支撑部位的，常用焊接和粘结修理的方法修复。

3.6.1.2 前护栅及附件

前护栅及附件由饰条、铭牌等组成。破损后多以更换为主。

3.6.1.3 前、后风窗玻璃及附件

风窗玻璃因撞击而损坏时基本以更换为主。前风窗玻璃胶条有密封式和粘贴式，密封式无需胶条；粘贴式必须同时更换。粘贴在前风窗玻璃上的内视镜，破损后一般以更换为主。

需注意的是：后风窗玻璃为带加热除霜的钢化玻璃，价格可能较高。有些汽车的前风窗玻璃带有自动灯光和自动刮水功能，价格也会偏高。

现在许多保险公司对于单独发生的玻璃破碎损坏，一般不再查勘，而是通知客户直接到定点的玻璃店去更换即可。

3.6.1.4 天窗玻璃

天窗玻璃破碎时，一般需要更换。

3.6.1.5 前照灯及角灯

现代汽车灯具的表面多为聚碳酸酯（PC）或玻璃制成。常见损坏形式是调节螺栓损坏，这就需要更换并重新调光。

表面用玻璃制成的，破损后如有玻璃灯片供应的，可考虑

更换玻璃灯片；若整体式的结构，只能更换；若只是有划痕，可以考虑通过抛光去除划痕；对于氙气前照灯，需要注意更换前照灯时，氙气发生器是无需更换的；价格昂贵的前照灯，只是支撑部位局部破损的，可采取塑料焊接法修复。

3.6.1.6 尾灯

尾灯的损坏按照处理前照灯的方法处理。

3.6.2 非结构钣金件的定损

非结构钣金件又称覆盖钣金件，承载式车身的覆盖钣金件通常包括可拆卸的前翼子板、车门、发动机罩、行李舱盖和不可拆卸的后翼子板、车顶等。

3.6.2.1 发动机罩及附件

轿车发动机罩绝大多数采用冷轧钢板冲压而成，少数高档轿车采用铝板冲压而成。冷轧钢板在遭受撞击后常见的损伤有变形、破损，铁质发动机罩是否需更换主要依据变形的冷作硬化程度，基本几何形状程度，冷作硬化程度较少、几何形状程度较好的发动机罩常采用钣金修理法修复，反之则更换。铝质发动机罩通常产生较大的塑性变形就需更换。

发动机罩锁遭受碰撞变形、破损以更换为主。发动机罩铰链碰撞后会变形，以更换为主。发动机罩撑杆有铁质撑杆和液压撑杆两种，铁质撑杆基本上可校正修复，液压撑杆撞击变形后以更换为主。发动机罩拉线在轻度碰撞后一般不会损坏，碰撞严重会造成折断，应更换。

3.6.2.2 行李舱盖

它们大多用两个冲压成形的冷轧钢板经翻边胶粘制成。判断其是否碰撞损伤变形，应看是否要将两层分开修理。如不需分开，则不应考虑更换；若需分开整形修理，应首先考虑工时费与辅料费之和与其价值的关系，如果工时费加辅料费接近或超过其价值，则不应考虑修理。反之，应考虑修复。行李舱工具盒在碰撞中时常破损，评估时不要遗漏。后轮罩内饰、左侧内饰板、右侧内饰板等在碰撞中一般不会损坏。其他同车门。

3.6.2.3 前翼子板

前翼子板的损伤没有达到必须将其从车上拆下来才能修复的程度，如整体形状还在，只是中间局部凹陷，一般不考虑更换。损伤程度达到必须将其从车上拆下来才能修复，并且前翼子板的材料价格低廉、供应流畅，材料价格达到或接近整形修复的工时费，应考虑更换。

如果每米长度超过3个折曲、破裂变形，或已无基准形状，应考虑更换（一般来说，当每米折曲、破裂变形超过3个时，整形和热处理后很难恢复其尺寸）。如果每米长度不足3个折曲、破裂变形，且基准形状还在，应考虑整形修复。如果修复工时费明显小于更换费用应考虑以修理为主。

前翼子板的附件有饰条、砾石板等。饰条损伤后以更换为主，即使未被撞击，也常因钣金整形翼子板需拆卸饰条，拆下后就必须更换；砾石板因价格较低撞击破损后一般更换即可。

3.6.2.4 车门

如果门框产生塑性变形，一般无法修复，应考虑更换。许多车的车门面板是作为单独零件供应的，损坏后可单独更换，不必更换总成。其他同前翼子板。

车门防擦饰条碰撞变形后应更换，车门变形后，需将防擦饰条拆下整形。多数防擦饰条为自干胶式，拆下后重新粘贴上不牢固，用其他胶粘贴影响美观，应更换。门框产生塑性变形后，一般不好整修，应考虑更换。门锁及锁芯在严重撞击后会产生损坏，一般以更换为主。后视镜镜体破损以更换为主，对于镜片破损，有些高档轿车的镜片可单独供应，可以通过更换镜片修复。玻璃升降机是碰撞中经常损坏的部件，玻璃导轨、玻璃托架也是经常损坏的部件，碰撞变形后一般都要更换。

3.6.2.5 后搁板及饰件

碰撞后基本上都能整形修复，严重时应更换。后搁板面板用毛毡制成，一般不用更换。后墙盖板也很少破损，如果损坏以更换为主。高位制动灯的损坏按前照灯方法处理。

3.6.2.6 后围及铭牌

后围的处理按处理发动机罩的方法进行处理。铭牌损伤后以更换为主。

3.6.2.7 不可拆卸件

三厢车后翼子板属于不可拆卸件，由于更换它需从车身上将其切割下来，而国内绝大多数汽车维修厂在切割和焊接方面满足不了制造厂提出的工艺要求，从而造成车身新的损伤。所以，后翼子板只要有修理的可能都应修复，而不应象前翼子板一样存在值不值得修的问题。

3.6.3 结构钣金件的定损

面对碰撞受损的承载式车身，经常会遇到弯曲、折曲的概念。所谓弯曲变形，就是指：损伤部位与非损伤部位的过渡平滑、连续；通过拉拔矫正可使其恢复到事故前的形状，而不会留下永久的塑性变形。所谓折曲变形，就是指：弯曲变形剧烈，曲率半径小于3mm，通常在很短长度上弯曲可达90°以上；矫正后，零件上仍有明显的裂纹或开裂，或者出现永久变形带，不经调温加热处理不能恢复到事故前的形状。

一般说来，承载式车身结构钣金件发生的只是弯曲变形的话，只需维修；假如发生了折曲变形，则需视情维修或更换。

当决定采用更换结构板件时，应完全遵照制造厂的建议，这一点非常重要。当需要切割或分割板件时，厂方的工艺要求必须遵守，一些制造厂不允许反复分割结构板件。另一些制造厂规定只有在遵循厂定工艺时，才同意分割。所有制造厂家都强调，不要割断可能降低乘客安全性的区域、降低汽车性能的区域或者影响关键尺寸的地方。然而，在我国，多数汽车修理企业没有做到完全按制造厂工艺要求更换车身结构件。所以，应该采用“弯曲变形就修，折曲变形就可以换”的基本原则，而不是“必须更换”，以避免产生更大的车身损伤。

高强度钢在任何条件下，都不能用加热法来矫正。

凡属于不通过破坏性切割作业就无法将相关结构件从车体上取下来的，都属于结构钣金件。如发动机的前焊接件、左右纵梁、前挡板、副车架，车身下底板的前、中、后三块钣金件，汽车后箱的底板、悬架支撑，左右侧边梁的A柱、B柱、C柱、上下边梁等。

3.6.4　电器设备的定损

汽车上的电器设备品种繁多，定损时应该根据相关件的特点以及可能遭遇到的情况，分门别类地进行。下面已碰撞事故中比较容易导致损坏的几个部分加以说明。

3.6.4.1　蓄电池

蓄电池的损坏多以壳体四个侧面破裂为主，应更换。

3.6.4.2　发电机

发电机常见撞击损伤为皮带轮、散热叶轮变形，壳体破损，转子轴弯曲变形等。皮带轮变形应更换。散热叶轮变形可校正。壳体破损、转子轴弯曲以更换发电机总成为主。

3.6.4.3　刮水系统

刮水片、刮水臂、刮水电动机等，因撞击损坏主要以更换为主。而固定支架、联动杆等，中度以下的变形损伤以整修修复为主，严重变形需更换。刮水器喷水壶只在较严重的碰撞中才会损坏，损坏后以更换为主。刮水器喷水电动机、喷水管和喷水嘴被撞坏的情况较少，若撞坏以更换为主。

3.6.4.4 仪表类

一旦碰撞导致仪表损坏或者怀疑损坏，由于一般的修理厂都没有检测的手段，并且仪表也不容易检测，因此，只要发现有明显的损伤、破损，都应该予以更换。

更换时，假如可以单独更换的仪表，要注意不去更换总成；但若遇到某些整个仪表都安装在一体的仪表台破损，只好更换整个仪表台。

需要注意的是：在检测仪表的工作状态，以判别其是否损坏时，一定不要单纯看仪表自身是否有所反应，还要充分注意相关传感器工作是否正常、线路中的保险是否没有断路、开关工作是否灵敏。

3.6.4.5 收音机、DVD或CD

在比较大的碰撞事故中，收音机、DVD或CD一般都会有所损坏，但损失一般不大。只是损坏旋纽、面板等。汽车音响设备在各地都有特约维修，可以定点选择维修点，作为保险事故的定点单位，以商定零部件的换修价格，而不是一律都交给汽车修理厂去“更新”。一般说来，收音机、DVD或CD的修理价格是新件的15%~40%。

3.6.4.6 汽车电脑

汽车电脑价值较高，设计时充分考虑了其防震、防撞性能，一般的碰撞不大可能导致损坏。假如怀疑或者修理人员言称损坏了，可以采用“比较法”判别，即：第一，在其他所有零部件均不改变的前提下，将库存的新电脑装到车上，看是否可以恢复正常工作；第二，将怀疑损坏了的电脑装到同类型的其他车上，看是否可以正常工作。假如通过比较，发现电脑确实坏了，再做更换。

注意：安全气囊系统的控制电脑，假如发生了气囊爆开的碰撞故障，一般需要更换电脑，以免在以后的碰撞事故中，万一气囊没有打开造成乘员受伤，引发法律讼诉。

3.6.4.7　冷凝器及制冷系统

空调冷凝器采用铝合金制成，中低档车的冷凝器一般价格较低，中度以上损伤一般可更换；高档车的冷凝器价格较贵，中度以下损伤常可采用亚弧焊修复。储液罐因碰撞变形一般以更换为主。如果系统在碰撞中以开口状态暴露于潮湿的空气中时间较长，则应更换干燥器，否则会造成空调系统工作时的“冰堵”。压缩机因碰撞造成的损伤有壳体破裂，皮带轮、离合器变形等，壳体破裂一般需更换，皮带轮变形、离合器变形一般也更换。空调管有多根，损伤的空调管一定要注明是哪一根；汽车空调管有铝管和胶管两种，铝管常见的碰撞损伤有变形，折弯，断裂等，变形后一般校正；价格较低的空调管折弯、断裂时一般更换；价格较高的空调管折弯、断裂时一般采取截去折弯、断裂处，再接一节用亚弧焊接的方法修复。胶管的破损一般更换。

空调蒸发箱大多用热塑性塑料制成，常见损伤多为箱体破损。局部破损可用塑料焊修复，严重破损一般需更换，决定更换时一定要考虑有无壳体单独更换。蒸发器换与修基本同于冷凝器。膨胀阀因碰撞损坏的可能性极小。

3.6.4.8　电器设备保护装置

有些电器件在遭受碰撞后，外观虽无损伤，却显示“坏了”，其实这有可能是假相。

如果电路过载或短路就会出现大电流，导致导线发热、绝缘损伤，有可能酿成火灾。因此，电路中必须设置保护装置。

熔断器、熔丝链、大限流熔断器和断路器都是过流保护装置，它们可单独使用，也可配合使用。碰撞会造成系统过载，相关保护装置会因过载而工作，出现断路，导致相关电器装置无法工作。此时只需更换相关的熔断器、熔丝链、大限流熔断器和断路器等即可，无需更换相连的电器件。

3.6.4.9 仪表及仪表台的定损

仪表台因正面或侧面撞击常造成整体变形、皱折和固定爪破损。整体变形在弹性限度内，待骨架校正后重新装回即可。皱折影响美观，对美观要求较高的新车或高级车最好更换。因仪表台价格较贵，老旧车型更换意义不大。少数固定爪破损常以焊修为主，多数固定爪破损以更换为主。

左右出风口常在侧面撞击时破碎，右出风口也常因二次碰撞被副驾驶人右手支承时压坏。

左右饰框常在侧面碰撞时破损，严重的正面碰撞也会造成支爪断裂。均以更换为主。

杂物箱常因二次碰撞被副驾驶膝盖撞破，一般以更换为主。

严重的碰撞会造成车身底板变形，车身底板变形后会造成过道罩破裂，以更换为主。

3.6.5 发动机的定损

3.6.5.1 铸造基础件

发动机缸体大多是用球墨铸铁或铝合金铸造。受到冲击载荷时，常常会造成固定支脚的断裂，而球墨铸铁或铝合金铸件都是可以焊接的。

一般情况下，对发动机缸体的断裂是可以进行焊接的。当然，不论是球墨铸铁或铝合金铸件，焊接都会造成其变形。这种变形通常用肉眼看不出来，但由于焊接部位附近对形状尺寸要求较高，如在发动机汽缸壁附近产生断裂，用焊接的方法修复常常是行不通的，一般应考虑更换。

3.6.5.2　发动机附件

发动机附件因撞击破损和变形以更换为主。油底壳轻度变形一般无需修理，放油螺塞处碰伤至中度以上的变形以更换为主。发动机支架及胶垫因撞击变形、破损以更换为主。进气系统因撞击破损和变形以更换为主。排气系统中最常见的撞击损伤形式为发动机移位造成排气管变形。由于排气管长期在高温下工作，氧化严重，通常无法整修。消声器吊耳因变形超过弹性极限破损，也是常见的损坏现象，应更换。

3.6.5.3　水箱及附件

铝合金水箱修与换的掌握，与汽车的档次相关。中低档车的一般价格较低，中度以上损伤一般可更换；高档车的价格较贵，中度以下损伤常可采用亚弧焊修复。但水室破损后，一般需更换，而水室在遭受撞击后最易破损。水管破损应更换。水泵皮带轮变形后通常以更换为主。轻度风扇护罩变形一般以整形校正为主，严重变形需更换。主动风扇与从动风扇的损坏常为叶片破碎，由于扇叶做成了不可拆卸式，破碎后需要更换总成。风扇皮带在碰撞后一般不会损坏，因正常使用也会磨损，拆下后如需更换，应确定是否系碰撞所致。

3.6.5.4　散热器框架

根据“弯曲变形整修，折曲变形更换”的基本维修原则，考虑到散热器框架形状复杂，轻度变形时可以钣金修复，中度以上的变形往往不易修复，只能更换。

3.6.6　底盘的定损

3.6.6.1　铸造基础件

变速器、主减速器和差速器的壳体往往用球墨铸铁或铝合金铸造。受到冲击载荷时，常常会造成固定支脚的断裂，而球墨铸铁或铝合金铸件都是可以焊接的。

变速器、主减速器和差速器的壳体断裂可以焊接。但焊接会造成壳体的变形。这种变形虽然用肉眼看不出来，但会影响尺寸精度，若在变速器、主减速器和差速器等的轴承座附近产生断裂，用焊接的方法修复常常是行不通的，一般应考虑更换。

3.6.6.2 悬架系统、转向系统零件

对于非承载式车身来说，车轮定位正确与否的前提是正确的车架形状和尺寸。对于承载式车身来说，正确的车轮定位前提是正确的车身定位尺寸。车身定位尺寸的允许偏差一般为1～3mm。

悬架系统中的任何零件都不允许用校正法修理，当车轮定位仪检测出车轮定位不合格时，用肉眼和一般量具无法判断出具体损伤和变形的零部件，因而，不要轻易做出更换某个零件的决定。

车轮外倾、主销内倾、主销后倾等都与车身定位尺寸密切相关。如果数据不对，应首先分析是否是因碰撞造成，由于碰撞不可能造成轮胎不均匀磨损，可通过检查轮胎磨损是否均匀，初步判断事故前的车轮定位情况。再检查车身定位尺寸，在消除了如摆臂橡胶套的磨损等原因、校正好车身，使相关定位尺寸正确后，再做车轮定位检测。如果此时车轮定位检测仍不合格，再根据其结构、维修手册等判断具体损伤部件，逐一更换、检测，直至损伤部件得到确认为止。上述过程复杂而烦琐，且技术含量较高，由于悬架系统中的零件都属于价格较高的安全部件，定损时切不可轻率马虎。

转向机构中的零件也同样存在类似问题。

3.6.6.3 车轮

轮辋遭撞击后以变形损伤为主，应更换。轮胎遭撞击后会

出现爆胎，应更换。轮罩遭撞击后常会产生破损，应更换。

3.6.6.4　前悬架零件

（1）前纵梁及悬架座。承载式车身的汽车前纵梁及悬架座属于结构件，按结构件方法处理。

（2）前悬架系统及相关部件。制动盘、悬架臂、转向节、稳定杆、发动机托架均为安全部件，变形后均应更换。减振器主要鉴定是否在碰撞前已损坏。减振器是易损件，正常使用到一定程度后会漏油，如果外表已有油泥，说明在碰撞前已损坏；如果外表无油迹，碰撞造成弯曲变形，应更换。

3.6.6.5　转向盘及制动系统

遭到撞击损伤后，从安全角度出发应该更换。安装有安全气囊系统的汽车，驾驶人气囊都安装在转向盘上，当气囊因碰撞引爆后，不仅要更换气囊，通常还要更换气囊传感器与控制模块等。需要注意的是：有些车型的碰撞传感器是与SRS/ECU装在一体的，要避免维修厂重复报价。

变速操纵系统遭撞击变形后，轻度的常以整修修复为主，中度以上的以更换为主。

3.6.6.6　后桥及悬架

（1）后桥及后悬架。后悬架按前悬架方法处理；后桥按副梁方法处理。

（2）后部地板、后纵梁及附件。后纵梁损坏时按前纵梁方法处理，其他同车身底板处理方法相似。备胎盖在严重的追尾碰撞中会破损，以更换为主。

3.6.6.7　变速器及传动轴

（1）传动轴及附件。中低档轿车多为前轮驱动，碰撞常会造成外侧等角速万向节破损，需更换。有时还会造成半轴弯曲，也以更换为主。

（2）变速器。变速器损坏后，内部机件基本都可独立更换，对齿轮、同步器、轴承等的鉴定，碰撞后只有断裂、掉牙才属于保险责任，正常磨损不属于保险责任，在定损中要注意界定和区分。

从保险角度来看，变速器的损失主要时拖底，其他类型的损失极小。

3.6.7 橡胶及纺织品的定损

汽车上的纺织品、橡胶很多（如内饰、座垫、轮胎等）。发生碰撞时，纺织品的损坏形式一般是漏油污染、起火燃烧、撕裂等。只要纺织品受到损坏，一般需更换，个别污染不太严重的，可通过清洗等方式予以恢复。

橡胶具有良好的耐磨性、柔性、不透水性、不透气性及电绝缘性等。主要用作轮胎、垫圈、地板等，起到耐磨、缓冲、防尘、密封等作用。汽车上的橡胶制品损坏形式一般为老化、破损、烧损等。损坏后，无法修复或没有修复价值的，只能更换。

3.6.8 梁、柱、轴类件的定损

3.6.8.1 梁类件的定损

汽车上的梁类结构件一般采用锻造等方式加工而成，如汽车大梁、车架等。

发生碰撞、翻滚、倾覆等故障后，容易造成扭曲、弯曲、变形、折断等，直接影响了汽车的使用，可以通过整形、焊接的方式恢复其变形，损坏严重的需要更换。

3.6.8.2 柱类件的定损

货车的驾驶室，客车的车身一般都有立柱。在轿车车身上，

左右侧自前至后均有三个立柱，依次为前柱（A柱）、中柱（B柱）、后柱（C柱），它们除了起支撑作用外，也起到门框的作用。

汽车的柱类结构件在发生碰撞、翻滚、倾覆等故障时，一般会发生扭曲、弯曲、变形、折断等，直接影响汽车的美观和使用，必须立即修复。修复时可以采用整形、焊接等方式使其外形恢复，损坏严重的需要更换。

3.6.8.3　轴类的定损

凡属于有相对转动关系的结构件，其构成转动部分的主体均可称之为“轴”，如：传递发动机动力的传动轴，支撑前轮转动的前桥，支撑后轮转动的后桥，维系转向系统的转向轴，支撑车门的转动轴等。轴类零部件发生损失的形式一般是扭曲、弯曲、变形、折断，肯定会直接导致汽车无法正常工作，必须通过整形、更换予以修复。

对于梁、柱、轴类，如果发生了折弯，美国的规定是必须更换，中国的规定是可以更换。主要原因在于中国大多数汽车修理厂的工艺水平达不到美国汽车修理厂的工艺水平高度，假如一律选择更换，可能会造成更大的损伤。

3.7　碰撞致损车辆维修费用的确定

在对事故车辆的维修费用进行评估时，主要涉及到两个项目：更换致损零配件的材料费用、维修致损零配件的工时费用。

3.7.1　更换致损零配件的材料费用

3.7.1.1　确定更换项目

事故发生后，有的零部件会导致损坏，至于是修复还是更换，需要看其所处位置、作用以及损坏的程度，一般说来，以下4种情况需要更换：

（1）无修复价值的零件。汽车发生事故后，某些致损的零部件，虽然从技术的角度可以修复，但从经济学的角度考虑，基本没有修复价值了，即修复价值接近或超过零部件原价值的零部件。

（2）结构上无法修复的零部件。某些结构件，由于所用原材料的缘故，发生碰撞后，一旦造成破损，一般无法进行维修，只能进行更换。脆性材料的结构件，一般都具有这一特性，如汽车灯具的严重损毁，汽车玻璃的破碎等。

（3）安全上不允许修理的零部件。为保证使用安全，汽车上的某些零部件，一旦发生故障或造成损坏，往往不允许修复后再用。这些为保证安全，不可修复后再用的零部件主要是指那些对汽车安全起着重要作用的零部件，如行驶系的车桥、悬架，转向系的所有零部件，如方向横拉杆的弯曲变形等，制动系的所有零部件，安全气囊的传感器等。这些零部件在受到明显的机械性损伤后，从安全的角度出发，基本上都不允许再使用。

（4）工艺上不可修复后再使用的零部件。某些结构件，由于工艺设计就存在不可修复后再使用的特点，如胶贴的各种饰条、胶贴的风窗玻璃饰条、胶贴的门饰条、翼子板饰条等。这些零部件一旦被损坏或开启后，就无法再用。对于这一点，保险公司评估人员往往会与修理厂业务人员在损失评估中产生争议。

3.7.1.2 确定换件费用

由于目前的汽配市场存在着多种价格的现象，因而，品质、资质完全相同的一个零部件，在不同地区可能存在着价格不等的现象，相同作用、不同资质的一个零部件，在同一地区也可能有多种价格。因此，如何确定零部件价格，是困扰机动车辆定损的一大难题。

根据一般的评估原理，评估的基准时点应“以出险时间为评估基准时，以出险地点为评估基准地，以重置成本法为评估基本法”，这样我们就可得到一种基本的评估价格。

目前，国内各财产保险公司一般都有一套自己内部使用的报价系统，大多数的零配件都可以根据报价系统来确定即时价格。

3.7.2　维修致损零配件的工时费用

维修工时费主要包括5项：拆装工时费、维修工时费、钣金工时费、辅助工时费、做漆费用。

3.7.2.1　拆装项目及工时的确定

在事故车辆的修理中，通常将更换、拆装作为同类工时处理。

有些零部件或总成并没有损伤，但是，由于结构的原因，当维修人员更换、修复、检验其他部件时，需要拆下该零部件或总成，并在完成相关作业后再重新装回。

拆装项目的确定要求评估人员对被评估汽车的结构非常清楚，对汽车修理工艺了如指掌。在对被评估汽车拆装项目的确定有疑问时，可查阅相关的维修手册和零部件目录。

确定汽车碰撞损失的更换、拆装项目工时标准时，可以先查阅生产厂家有无相应的工时定额，如果有，再根据当地的工时单价计算相应的工时费。如果无法查到汽车生产厂家相应的工时定额，可以查阅汽车维修主管部门制定的工时定额标准。部分进口乘用车可从《MITCHELL碰撞估价指南》中查到各项目换件和拆装所需要的工时。

山东省于2006年1月1日开始实施的事故车辆（含轿车、客车、货车）修复分项工时见光盘中的附表3-4至附表3-6，拆检工时标准见光盘中的附表3-7。

3.7.2.2　维修工时的确定

零部件修理工时的确定非常复杂，原因主要有以下2点：

（1）修理工艺差异的影响。修理工艺不同，也会导致汽车修理件工时的巨大差异。如汽车碰撞后导致的车门轻微凹陷，如果修理厂无拉拔设备，校正车门就必须拆下车门内饰板，而采用拉拔设备，则无需增加这部分作业工作量，这样车门的校正工时差距就会很大。

（2）地域差异的影响。同样一个零件，由于工人的技术水平不等，在甲地修理工时可能是1～3h，而在乙地的修理工时可能是2～5h。这就造成了零件修理工时定额的制定相当困难。评估人员应当根据自己的理论知识和实践经验，结合评估基准点的实际情况与当地的《汽车维修工时定额与收费标准》，较准确地确定修理工时。

山东省于2006年1月1日开始实施的整车（含轿车、客车、货车）修理分项工时标准见光盘中的附表3-8至附表3-10。

3.7.2.3　钣金工时

钣金工时与汽车的档次直接相关。对于完全相同的一个部位，如果发生在低档车上，由于技术水平要求低，可能所需要的工时不是太高，假如发生在高档车上，则由于技术要求高，所花费的时间、精力以及所要求的技术水平均高，所需要的工时自然也就要高。表3-4是维修承载式轿车车身事故损坏件时，所需要附加的工时。

山东省于2006年1月1日开始实施的汽车维修工时定额见光盘中的附表3-11至附表3-20；摩托车维修工时定额见光盘中的附表3-21至附表3-22；柴油机喷油泵维修专项工时定额见光盘中的附表3-23至附表3-26；工程机械车液压系统维修工时定额见光盘中的附表3-27至附表3-29；汽车故障诊断与性能检测工时定额见光盘中的附表3-30至附表3-31；风窗玻璃安装工时定额见光盘中的附表3-32。

承载式轿车车身变形程度定级及维修附加工时　　表3-4

分类	主要损坏件	变形特征	变形程度	简称	难度附加工时
车身外覆盖件	前后保险杠骨架、散热器护照、发动机罩、前后翼子板、后备箱盖、车顶盖、车门、车轮护罩、拖底情况下的车底板	车身外覆件、表层件受损（直接损坏区域）	轻微伤、刮碰伤	Q级	1
一级支承件	水箱框架、后围内衬板、前后翼子板内称板、车身立柱、车顶边梁、底板边梁	车身外覆盖件及一级支承件受损（间接损区域）	初级变形	C1级	10
二级支承件	左右前纵梁、侧身底板及横梁、后备箱底板及纵梁、前减震簧座及围板	变形超过一级支承，损坏到二级支承件（间接损坏达到主要机械构件区域）	次级变形	C2级	20
三级支承件	驾驶室前围板（前立柱中间尾板）、车身底梁底板、后轮减震簧座及围板	变形超过一、二级支承，损坏到三级支承件（间接损坏达到基础构件和室内构件区域）	深度变形	S级	30
报废	全部主要零部件均受损	变形程度达S级，变形面积占车身面积6%以上	报废	F级	0

说明：1. 承载式轿车车身变形维修工时计算公式：

钣金工时 = 外覆件修复（更换）工时 + 支承件修复（更换）工时 + 难度附加工时

（其中：支承件更换工时 = 支承件修复工时 ×50%）

2. 支承件：根据碰撞力方向，有前后关联的两个或多个件，一般后件是前件的支承件。

3.7.2.4 辅助工时的确定

修理作业中除包括更换件工时、拆装件工时、修理工时外，还应包括辅助作业工时，通常包括：

（1）把待修汽车安放到修理设备上并进行故障诊断所需要的工时。

（2）用推拉、切割等方式拆卸撞坏的零部件所需要的工时。

（3）相关零部件的矫正与调整所需要的工时。

（4）去除内漆层、沥青、油脂及类似物质所需要的工时。

（5）修理生锈或腐蚀的零部件所需要的工时。

（6）松动锈死或卡死的零部件所需要的工时。

（7）检查悬架系统和转向系统的定位所需要的工时。

（8）拆去破碎的玻璃所需要的工时。

（9）更换防腐蚀材料所需要的工时。

（10）修理作业中当温度超过60℃时，拆装主要电脑模块所需要的工时。

（11）拆卸及装回车轮和轮毂罩所需要的工时。

虽然每项工时都不大，但对于较大的碰撞事故，各作业项累计后通常是不能忽视的。

最后必须注意：将各类工时累加时，各损失项目在修理过程中有重叠作业项目时，必需考虑将劳动时间适度核减。

3.7.2.5 单位工时费

各地规定的单位工时费不尽相同，有的地区统一规定了单位工时费标准，有的地区责采用“企业自报，主管部门批准，公示收费标准，允许实际下调”的方法。

不过，无论采用什么方法，汽车维修企业面对保险公司时，一般都可以进行价格谈判。

一旦确定了各项作业的工时以及单位工时费用，那么维修工时的总费用就可以确定了。

3.7.2.6　做漆费用

汽车做漆的费用取决于烤漆面积及漆种单价。

（1）烤漆面积计算方法。烤漆面积的计算，并非利用数学方法简单计算其实际面积，而是采用实践经验法。

比较常用的计算方法是：

①计算单位按 m^2，不足 $1m^2$ 按 $1m^2$ 计价，第 $2m^2$ 按 $0.9m^2$ 计算，第 $3m^2$ 按 $0.8m^2$ 计算，第 $4m^2$ 按 $0.7m^2$ 计算，第 $5m^2$ 按 $0.6m^2$ 计算，第 $6m^2$ 以后，$1m^2$ 按 $0.5m^2$ 计算。

这一计算方式可以供业内人士参考。原因很简单：在价格因素中不仅包括了作为漆料的原材料价格，还包括了辅助作业在内的各项操作项目的价格，如调漆、喷漆区域周边的防护作业、实施喷漆、烘烤等，许多项目的作业工作量与喷漆面积并非成正比增加。

例如：某车需烤漆 $7.9m^2$，计算结果为：

$$\text{烤漆面积} = 1 + 0.9 + 0.8 + 0.7 + 0.6 + 0.5 + 0.5 + 0.5 = 5.5m^2$$

②烤漆面积不足 $0.5m^2$，按 $0.5m^2$ 计；大于 $0.5m^2$ 不足 $1m^2$，按 $1m^2$ 计；大于 $1m^2$ 小于 $3m^2$，按实际面积计；大于 $3m^2$ 小于 $12m^2$，按实际面积的 80% 计；大于 $12m^2$，按实际面积的 70% 计。

（2）漆种单价。汽车面漆有烤漆或瓷漆。烤漆与瓷漆的不同点在于其干燥和固化的方式。烤漆通过溶剂的挥发而干燥，瓷漆和聚氨脂类漆的干燥则通过溶剂的挥发与油漆中分子的交联作用来实现，简单地说，烤漆的固化过程为物理变化，而瓷漆的固化过程是物理和化学变化的过程。

用醮有香蕉水的白布摩擦漆膜可以判断漆种。观察漆膜溶解程度，如漆膜溶解，并在白布上留下印迹，则是烤漆，反之为瓷漆。如果是瓷漆再用砂纸在损伤部位轻轻打磨几下，鉴别是否漆了透明漆层，如果砂纸磨出白灰，就是透明漆层，如果砂纸磨出颜色，就是单级有色漆层，最后借光线的变化，用肉眼看一看颜色有无变化，如果有变化为变色漆，通过上述方法，可将汽车面漆分为四类：硝基烤漆；单涂层烤漆（常为色漆）；双涂层烤漆（常为银粉漆或珠光漆）；变色烤漆。

市场上所能购买的面漆大多为进口和合资品牌，世界主要汽车面漆的生产厂家，如美国的杜邦和 PPG、英国的 ICI、荷兰的新劲等，单价都不一样，估价时常采用市场公众都能够接受的价格。

单位面积的烤漆费用中包含材料费和工时费，而各地的工时费差别较大。表 3-5 提供了一个一般地区的收费参考价，供参考。山东省于 2006 年 1 月 1 日开始实施的汽车车身烤漆项目工时定额见光盘中的附表 3-33。

汽车烤漆收费参考表　单位：元/m²　　表 3-5

项目＼费用＼车型	轿车					客车		货车	
	微型	普通型	中级	中高级	高级	普通	豪华	车箱	驾驶室
硝基烤漆						100		50	
单涂层烤漆	200	250	300	400	500	200	300		250
双涂层烤漆	300	350	400	500	600		400		
变色烤漆			600	700	800				

3.8 事故车辆的修复价值

理论上讲，任何一辆损坏的汽车都是可以通过修理恢复到事故前状况的。但是，这样往往是不经济的或没有意义的。

对于事故车辆，如果损失严重，就要考虑是否具有修复价值：如果修复费用明显小于重置费用，完全有必要修复；修复费用接近重置费用甚至大于重置费用，一般说来就没有修复必要了。

3.8.1 汽车现值

汽车在事故发生前的价值，被称为汽车现值或实际价值。虽然事故发生前的状况已不复存在，一般还是可以根据现场状况比较准确地评估出被评估汽车的现值。

汽车现值不能等同于汽车的使用年限折旧后的价值，应该根据车型的不同、新车销售价格的变化、目前该款车型在汽车市场上被推崇的程度、该具体车辆是否发生过重大损坏事故等因素，汽车的现值有可能高于或低于汽车的年限折旧后的价值。

3.8.2 推定全损

虽然具体被评估的事故汽车肯定还有一定的价值，但当其修复价值已达到或超过现值时，则可以被推定为全损。

3.8.3 修复价值

当被评估汽车达到全损或推定为全损时，则被评估汽车已无修复价值。

当碰撞造成损失较大时，必须对被评估汽车的修复价值进行评定。否则，评估报告很容易引起保险索赔时的纠纷，因为它违反了财产保险的损失补偿原则。

3.8.4 确定损失车辆的残值

保险条款一般规定汽车的残值按协商价归被保险人所有，当保险公司与被保险人或修理厂协商残值价格时，保险公司为了提高效率和减少赔付，常常会做出一些让步。在实际操作中，残值大多数折归了汽车修理厂所有，在评估实务中，汽车残值的实际价值通常会高于评估单上的残值价值。

当事故造成的损失较大，更换件也较多，委托人为保险公司时，通常会要求确定残值，残值的确定通常有以下四步：

第一步，列出更换项目的清单；

第二步，将更换的旧件分类；

第三步，估定各类旧件的重量；

第四步，根据旧材料价格行情确定残值。

3.9 典型碰撞事故定损实例

本节收集了各种不同类型的汽车碰撞定损案例，可以从不同角度了解碰撞定损的基本情况。由于我国地域广阔，各地经济发展水平及物价水平不尽相同，工时费标准自然也就有所差别。同一辆汽车相同零件的同等程度损坏，在物价水平较低的甲地可以维修，但在物价水平偏高的乙地却可能没有维修的必要。本节所收集案例的定损结果，是以济南、青岛、天津、郑州等城市作为事故发生地，以 2006～2008 年度为事故发生时间，读者阅读时需密切注意。

3.9.1 车身划痕及玻璃单独破碎案例

有时候，汽车只是被轻微擦划或仅仅造成玻璃的破碎，损失不大。这类案件的定损案例见表 3-6。

车身划痕及玻璃单独破碎案例的定损结果　　表 3-6

案例编号	车型	更换件	维修	工时费(元)
3－6	奇瑞	无	前保险杠喷漆	100
3－7	标致 307	无	左后翼子板喷漆	280
3－8	海南马自达	无	前保险杠喷漆	150
3－9	别克	无	钣金喷漆：后保险杠左侧，左后轮眉，左后门下部	600
3－10	雅阁	无	右前翼子板、右后视镜喷漆	400
3－11	帕萨特	右前门玻璃		
3－12	马自达 6	后风窗玻璃	钣金、喷漆项目：左侧围	300

续上表

案例编号	车型	更换件	维修	工时费(元)
3-13	宝马525	前风窗玻璃	拆装	2161
3-14	别克赛欧	前保险杠饰条	钣金喷漆：前保险杠	260
3-15	雪佛兰	无	钣金喷漆：右前门、右后门、右后翼子板、后保险杠	480
3-16	金杯面包	右侧车身饰条	钣金喷漆：右后车门、右后侧尾	400
3-17	五菱兴旺	右前轮眉	喷漆：前保险杠、后保险杠、轮眉	220

3.9.2 汽车正面碰撞损失的案例

汽车的正面碰撞，属于发生概率较多的碰撞事故，无论是碰撞了护栏、路墩、树木等的单方事故，还是两车的迎面相撞，都属于正面碰撞。正面碰撞的损失程度与碰撞发生前一刹那的车速直接相关。这类案件的定损案例见表3-7。

正面碰撞案例的定损结果 表3-7

案例编号	车型	维修情况一览
3-18	嘉年华	更换件：左前组合灯、左前翼子板、前保险杠外壳、左前雾灯、卡子 维修：钣金喷漆—前保险杠外壳、左前翼子板、发动机罩、水箱框架 工时费：1500元
3-19	神龙富康	更换件：前照灯、中网、中网架、前保险杠、前保险杠支架、水箱上护板、水箱、电风扇框架、角灯 维修：钣金喷漆—前保险杠、前机盖、水箱框架 工时费：560元

续上表

案例编号	车型	维修情况一览
3－20	桑塔纳2000	更换件:中网、前保险杠皮、前保险杠下导流板、转向横拉杆、前下摆臂(右)、前轮眉(右) 维修:钣金喷漆—前翼子板(右) 工时费:300元
3－21	蒙迪欧	更换件:右前翼子板内衬、右前减振、右前羊角、轴承、亮条、挡泥板、下护板 维修:钣金喷漆—右前翼子板、前保险杠外壳 工时费:1550元
3－22	普通桑塔纳	更换件:前保险杠胶、前保险杠骨架、骨架左支架、前保险杠左右挂耳、中网及标志、左右保险杠灯、左右前照灯总成、前照灯支架2只、前照灯调节及联接螺栓2套、前照灯下饰条2根、左右前照灯导流板、水箱框架、发动机罩、发动机罩锁、发动机罩拉线、发动机罩减振块1只、冷凝器、水箱、电子扇框架、上下正时带外罩、正时皮带、发电机皮带、压缩机、风窗玻璃、空滤器总成 维修:调修—发动机罩折页、左右前翼子板及纵梁、轮旋/车轮定位检修;钣金喷漆－发动机罩、左右前翼子板、水箱框架、左右侧梁头、轮旋
3－23	雅阁2.4	更换件:左后翼子板、制动灯、地台胶、后梁、后车架垫块、ABS传感器、行李舱遮板、后风窗玻璃、后围板、后地板、左右尾灯、后框架、行李舱后挡、轮胎盖、行李舱盖、后保险杠(皮)、行李舱盖内衬、后保险杠缓冲器、后备箱锁、后牌照架、附件 维修:钣金喷漆—左右后门、左后大梁整形、后隔板、后纵梁(左)、左右后翼子板、行李舱盖、后保险杠(皮)、四轮定位 工时费:12000元

续上表

案例编号	车型	维修情况一览
3－24	帕萨特	更换件:前保险杠总成、中网、中网标、雾灯、雾灯框、前照灯、转向灯、水箱框架、水箱冷凝器、机盖锁、机盖锁拉钩及盖口、前翼子板、前照灯调节器电机、前机盖、机盖合页、翼子板内衬、翼子板小灯、机盖锁拉线、机盖内衬、喷水嘴、喷水管、机盖支撑杆、前风窗玻璃、风挡导流板、风挡下部密封条、前机盖合页饰板、元宝梁、左前轮悬、喷水壶、电子扇、硅油风扇、空滤总成、ABS 泵、高低音喇叭、制动油管、转向助力油壶、左前钢圈、压缩机皮带、防冻液水壶、刮水电动机连动杆、发动机控制单元盒、制动油壶、气门室罩盖、正时皮带罩盖、凸轮轴正时轮、正时皮带轮、霍尔传感器、曲轴皮带轮、发电机、压缩机低压管、进气支管、发动机后法兰、变速器后支架、变速器左支撑垫、发动机右支架、左传动轴、左减振器、左前上支臂、左前下支臂、左前轮轴承、左前轮轴头、左前转向节、发动机扭力支架、油底壳、三元催化、废气管、发动机右胶垫、发动机右托架、气门室盖垫、节气门、主气囊、副气囊、气囊电脑、复位环、工作台、中央控制面板、收音机支架、转向柱管上罩、CD 框架、小储物盒、组合仪表、压缩机、转向盘、传动轴隔热板、发动机机舱线束、转向机总成 维修:钣金喷漆—前保险杠、前机盖、左右翼子板、前后门、纵梁、轮悬等;拆装、调试、四轮定位 工时费:5600 元
3－25	奥迪 A6	更换件:油箱、燃油泵、倒车雷达线束、CD 功放器、行李舱盖总成、后箱铰链、A6 标志、2.8 标志、尾灯、牌照灯、行李舱盖饰条、自动停车系统支架、后保险杠、后保险杠骨架、后保险杠固定扎带、后保险杠支架 R、加油口盖锁闭器、行李舱隔衬、行李舱地毯、后保险杠导向支架、备胎坑、后箱护板、行李舱右侧衬垫、后箱后围板、后箱围板内板、右侧围、后箱锁销、侧围内板焊接总成、角板焊接总成、通风饰板 R、车载冰箱总成、轮圈、束带式轮胎 维修:钣金喷漆—后保险杠、行李舱盖、后车身、侧围、棚顶 工时费:4500 元

续上表

案例编号	车型	维修情况一览
3-26	宝马	更换件:发动机罩总成、左右前组合灯、电风扇、冷凝器、前保险杠电眼、前保险杠牌照板、前保险杠装饰、条前保险杠亮条、发动机下护板、水箱盖板、前照灯支架、左右前保险杠支架、发动机罩锁开启拉线、V形架、T形架、风扇盖板、中网、机盖锁安全钩、发动机罩支撑杆、驾驶人气囊、副驾驶气囊、仪表台壳、气囊控制电脑、水箱支架、饰板散热器、前保险杠导流板、前保险杠通风口、前机盖标
3-27	金杯面包	更换件:前保险杠外壳、左前组合灯、左前雾灯、左前示宽灯、右前车门、右前门内饰板、右前车门密封条、前门玻璃升降器、右前车门锁机构、右前车门铰链、左前门踏板胶、挡泥板、压条、喷水壶、后保险杠外壳、仪表台下护板、前风窗玻璃 维修:钣金喷漆—前脸、前隔壁板、左A柱外板、左整体侧框架、左前纵梁、右前纵梁,前保险杠外壳、左前门、后保险杠外壳、四轮定位 工时费:1800元
3-28	斯太尔	更换件:水箱、中冷器、水箱胶垫、上下水管、风扇叶、风扇皮带、水泵、水泵凸缘、发电机、发电机支架、发电机皮带、空调压缩机、节温器、增压机、风圈、护风罩、护风带、机油尺、冷凝器电子扇、转向器高低压油管、增压机铁管、增压机胶管、加机油铁管组件、全车气管、驾驶室总成、倒车镜、左右下脚踏板、前保险杠、前照灯、保险杠灯、雾灯、远光灯、车架总成、左右保险杠托架、右前钢板第一第二片、换挡盒、钢板吊耳、前钢板前支架、左前钢板总成、前钢板U形螺栓、左右前照灯支架、轮胎、翻转组合件、举升缸、举升缸油管、管状横梁、发动机前胶垫、转向器高压油管(铁)、离合器助力缸、前桥减振器、拐臂轴总成、直拉杆、横拉杆、转向器总成、气压表传感器、前桥、后尾灯、前桥稳定杆、稳定杆吊架、定杆胶套及座、排气管前节、蝶阀、绕型软管、排气管中节、减振器支架、龙门架、驾驶室、减振器、空调冷凝器、空调管(套)、熄火控制阀、飞轮壳、离合器片、离合器壳、一轴护盖、横拉杆拐臂、液压油泵、液压油泵座、机油

续上表

案例编号	车型	维修情况一览
3－28	斯太尔	感应塞、空调皮带、液压油泵支座护盖、暖风水管(套)、转向油壶、助力油进回油管、翼子板后段、驾驶室液压锁、前桥缓冲块、转向器助力泵、转向器垂臂、小瓦、大瓦、大箱左前挡板、大箱左前立柱、制动总泵、油门线、换挡纵拉杆、底盘线束、柴油管、波纹管、空滤器支架、传动轴吊架、曲轴皮带轮、曲轴减振器、正时齿轮室、发动机前支架、油底壳、油底壳垫、机油滤芯、滤清器支座、柴油滤清器总成、机油散热器、散热器壳、起动机、高压油泵、下水室软管、排气支管隔热板、离合器操纵阀、大箱加高板、大箱上边梁 维修:拆装、钣金、喷漆 工时费:3800元
3－29	丰田旅行	更换件:前保险杠、左右前照灯总成、前照灯座、右前翼子板、前翼子板内衬(右前)、机头盖、头盖标志、头盖胶条、头盖锁拉绳(前段)、头盖撑杆、左右头盖铰链、水箱、转向器总成、前悬架横、稳定杆、发动机左缓冲垫、发动机右缓冲垫、储液罐、缸体、前风窗玻璃、前风窗玻璃装饰条、刮水器刮臂、刮水片、驾驶人安全气囊、前座乘客安全气囊、安全气囊中央传感器、卷簧、前门、侧滑门、外后视镜总成、后侧板、后保险杠外皮、轮胎、前门内饰板、侧滑门窗框前装饰条、外密封条、侧滑门玻璃内密封条、侧滑门玻璃下密封条、侧滑门玻璃升降器、前门玻璃、侧滑门玻璃、前桥半轴总成、侧滑门中滑道铰链总成、安全带总成

3.9.3　汽车侧面碰撞损失的案例

由于汽车的侧面需要安装车门，因而刚度相对较弱。一旦发生侧面碰撞，往往会造成较大的损坏。侧面碰撞的定损案例见表3-8。

侧面碰撞案例的定损结果 表3-8

编号	车型	维修情况一览
3-30	起亚	更换件:左后门壳、左后尾灯、左后玻璃压条、黑饰带 维修:钣金、喷漆:左后轮眉、左后门、左后翼子板、后保险杠 工时费:750元
3-31	夏利	维修:钣金喷漆-前保险杠、左前翼子板、左后翼子板、左后门 工时费:450元
3-32	赛欧	更换件:车壳、前照灯总成、后视镜总成、内饰板、左前门内扣手及护罩、车门玻璃及密封条、前门外把手总成、玻璃升降器、门锁执行器、车门密封条、左前门锁块、车门内把手、车门装饰条、车门内把手饰框、门饰板上盖、门锁执行器、装饰盖板、右内扣手、前风窗玻璃、遮阳板、内后视镜、左右A柱内饰板、左B柱内饰板、前风窗导流板、车顶内衬、装饰条、空调进风道、安全带、顶棚拉手、驾驶人安全气囊、副驾驶人安全气囊、气囊控制电脑、气囊游丝、气囊盖板、驾驶人座椅、副驾驶人座椅、转向柱管上下罩、左地板压条、门槛防磨板、地毯、挡泥板、空调侧出风格栅、仪表板侧出风口、空调控制面板、空调箱总成、组合仪表、仪表台骨架、仪表板左下饰板、减振器、后桥架梁、左后轮轴承、中排气管带消声器、稳定杆、平衡杆连接杆、发动机后胶垫、轮胎、轮辋、轮罩、CD、前翼子板衬板、刮水开关、转向柱支架 维修:全车烤漆、拆装调试定位 工时费:4200元
3-33	红旗	更换件:前保险杠装饰条(右)、前保险杠下格栅框架、左前下护板、右前组合灯、右前转向灯、右前翼子板防护条、右前车门防护条、右外后视镜、后保险杠外壳 维修:钣金喷漆-前保险杠、右前翼子板、发动机罩、右前门、右外后视镜、前保险杠骨架、前保险杠导流板、前保险杠下裙边 工时费:1750元

续上表

编号	车型	维修情况一览
3－34	普通桑塔纳	更换件:前保险杠外壳、左前组合灯、左前转向灯、前照灯装饰条 维修:钣金喷漆—左前翼子板 工时费:240元
3－35	桑塔纳2000	更换件:前保险杠胶,前保险杠左挂耳、中网及标志、左保险杠灯、左前照灯总成、左角灯、前照灯下饰条1根、水箱框架、发动机罩、左前翼子板、左前翼子板塑料衬、左前翼子板侧小灯、左前翼子板半圆饰板、左前翼子板防撞条、左前泥板、左前纵梁及轮旋焊接总成、左前下摆臂及球头、左前减振器、左前减震器上座、左前减振器支架、左前轮胎、铝合金圈、轮毂及轴承、元宝梁、半轴、平衡杆及支架、左前制动高压管、左前ABS传感器、转向器左拉保险杠、倒车镜、天线、左前门防撞板 维修:调修－前保险杠骨架及支架、水箱框架、左前门柱、左前门、车顶、车轮定位检测;喷漆－发动机罩、左前翼子板、水箱框架、左侧梁头、轮旋、左前门、车顶
3－36	松花江	更换件:前保险杠 喷漆:前保险杠 工时费:150元
3－37	飞度	更换件:轮胎、轮辋、发动机下护板、右前翼子板内衬、副车架、稳定杆胶套及支架、传动轴、差速器前节、汽油箱护保险杠、传动轴支杆、前风窗玻璃、前下控制臂、油箱线束、后元宝梁 喷漆:前保险杠外壳、后保险杠外壳 钣金:下护板 机电:发动机、左前悬架、传动机构、右前悬架、左后悬架、右后悬架、燃油供给系统、四轮定位 工时费:2950元
3－38	奔驰S500	更换件:前中网、后保险杠皮、后保险杠饰条(左)、后保险杠护条亮条(左)、后保险杠中饰条亮条、左后尾灯、后门防撞胶条、后翼子板护条、后翼子板(左)、后保险杠铁、车门装饰条、车门密封条、门把手、门把手内固定架、车门玻璃(左后)、车门内饰板、后备箱内上盖板、车窗撑杆、风窗雨条

续上表

编号	车型	维修情况一览
3－39	斯巴鲁	更换件:左前门、左后门、前风窗玻璃、左前门玻璃、左后门玻璃、左前门饰板、左后门饰板、前翼子板下饰板、后翼子板下饰板、左前门玻璃外压条、左后门玻璃外压条、左前门外拉手、左前门玻璃机、左前翼子板、安全气囊、气囊电脑、左前碰撞传感器、安全带、左B柱、左后视镜、左前门玻璃机导轨、组合仪表罩、左前门框密封固定架、左侧B柱内外饰板、前门内饰板、后视镜底座、门槛外板、前车门铰链、后门铰链、天窗滑道、驾驶人座椅靠背蒙皮、后保险杠防撞杆 维修:左翼子板、前后门、侧围、车顶等钣金喷漆;更换件拆装调试 工时费:4500元
3－40	哈飞	更换件:前保险杠、门把手、保险杠灯、右灯、角灯、保险杠臂 维修:钣金喷漆－右前门、中门、右后门 工时费:1100元
3－41	皮卡	更换件:右前翼子板灯,右侧彩条 维修:钣金喷漆－右前翼子板、右前车门 工时费:400元
3－42	解放	更换件:驾驶室左侧玻璃 维修:钣金喷漆－驾驶室 工时费:260元
3－43	帕杰罗	更换件:前照灯、转向灯、右侧护杠、前保险杠、右前包角、右雾灯框、右翼子板、中网、护栏支架、右前保险杠内骨架、前保险杠下格栅、右前照灯喷水嘴、天线、右翼子板灯、翼子板标、前风窗玻璃、刮水片、轮胎、钢圈、翼子板内衬、前照灯框架、右轴头、上悬架、下悬架、落地箱盖、右挡泥板、翼子板彩条、空滤器过滤器、轴承、油封、ABS传感器 维修:前发动机罩,右前瓦,右前门,前照灯框架,前保险杠包角,翼子板加强板等整形烤漆、拆装调试定位 工时费:2600元

3.9.4　汽车追尾碰撞损失的案例

由于现在路上的车辆较多，加之驾驶人新手比率较高，非常容易发生追尾碰撞的事故。在高速公路行驶时，最容易发生的事故类型就是追尾。发生追尾事故时，对于后车来说，往往损失较大。追尾碰撞的定损案例见表3-9。

追尾碰撞案例的定损结果　　表3-9

案例编号	车型	维修情况一览
3-44	SPARK	更换件:后保险杠 维修:后保险杠 工时费:200元
3-45	桑塔纳2000	更换件:后保险杠胶、后保险杠骨架及左右支架、保险杠保险左右挂耳、行李舱盖、行李舱盖支架1根、行李舱盖密封条、右外尾灯、右内尾灯、右后翼子板 维修:调修-右后翼子板衬板、行李舱底板、行李舱后堵板、左后翼子板、油箱外盖、车轮定位检测;钣金喷漆-后保险杠胶、行李舱盖、行李舱底板、行李舱后堵板、右后翼子板、右后翼子板校衬板、油箱外盖
3-46	凯越	更换件:前保险杠外皮、前保险杠吸能块及防撞杆总成、散热器面罩、前照灯总成及座、前雾灯、前端板上下支撑、发动机罩总成、发动机罩前饰条总成、前机盖支架、前翼子板、前轮罩内衬、储液罐、发动机罩主锁开启拉锁手柄、风窗玻璃总成、前风窗密封条、前罩板通风格栅、前保险杠皮支架总成、前门玻璃、外后视镜总成、左前门玻璃压条、前门装饰条、左后侧围、行李舱盖总成、左后侧围内衬、尾灯、后行李舱盖密封条、左右后保险杠支架、后保险杠防撞杆、后箱盖字标、后箱盖亮条、后箱盖内衬、行李舱盖锁、左侧内衬板、左侧围出风口、前门窗密封条、前保险杠支架、前翼子板内板、前轮罩、左前门玻璃导槽、车门密封条、右后侧围出风口、后箱加强件、挡泥板、发动机罩支撑杆、后箱加强件、后悬架支撑横梁总成、后悬架摆臂、钢圈、轮毂盖总成、轮胎、后车轮轮毂支架、后车轮轴承总成、后悬架支柱总成、

续上表

案例编号	车型	维修情况一览
3-46	凯越	更换件:散热器总成、冷凝器总成、左前轮驱动轴总成、前下部控制臂总成、前悬架支柱总成、前轮轴承总成、副车架、辅助动力熔断丝盒盒体总成、中央控制台总成(后)、转向泵皮带轮、驱动桥罩、变速器轴承板、点火线圈、发动机固定护板、凸轮轴衬垫、凸轮轴盖总成、车速传感器总成、转向机总成、前稳定杆连接件、蓄电池总成、变速器支座、变速器固定支架总成、蒸发排放碳罐净化器阀门总成、后保险杠外皮 维修:喷漆-前发动机罩、前后翼子板、前后保险杠、前后门;拆装、调试、定位 工时费:4800元
3-47	天籁	更换件:后保险杠、后保险杠饰条 维修:喷漆-后保险杠 工时费:280元
3-48	马自达6	更换件:后保险杠皮及骨架、左右后保险杠支架、后保险杠卡扣、后风窗玻璃、行李舱盖、行李舱内衬、左右行李舱盖铰链、行李舱盖密封条、行李舱盖字标、左右后尾灯、后牌照灯饰板、行李舱盖锁机构、后围板饰板 维修:拆装钣金-后纵梁、后围总成、左右后翼子板、后地板;喷漆-后保险杠(皮)、行李舱盖、后围总成、左右后翼子板、后地板、后纵梁(右)、后门壳(右);机电维修-四轮定位 工时费:2800元
3-49	宝马745I	更换件:后箱盖中部尾灯 维修:钣金喷漆-后尾盖 工时费:2000元
3-50	凯迪拉克	更换件:后箱盖、后箱盖支撑架、后箱盖撑杆、后箱盖中央灯、后雾灯牌罩灯倒车灯一体、后箱盖内衬板、CADIAC字标、右后尾灯、车身右侧围板、右后侧围内衬板、后箱锁块、后箱锁柱、后保险杠蒙皮、后保险杠支架、后箱盖密封条、后箱锁柱盖板、后箱挡围板、STS字标、玻璃胶及车体密封胶灯辅料 维修:钣金喷漆-后盖、后叶子瓦、后围板、后保险杠、侧围 工时费:4800元

续上表

案例编号	车型	维修情况一览
3－51	哈飞	更换件:后保险杠 维修:拆装整修后保险杠 工时费:90元
3－52	跃进货车	更换件:前保险杠、角灯、前脸导流板 维修:钣金－右前门、右前翼子板;喷漆:右前门、前保险杠、右前翼子板 工时费:260元

3.9.5　汽车拖底碰撞损失的案例

由于路面不平、路面有石块等原因，车辆较易发生拖底损失。发生拖底损失的定损案例见表3-10。

拖底碰撞案例的定损结果　　表3-10

案例编号	车型	维修情况一览
3－53	吉利	更换件:发动机下护板 工时费:100元
3　54	凯旋	更换件:后保险杠、右后保险杠吊耳、雷达探头、有后保险杠内导流板、有后保险杠反光板 维修:喷漆－后保险杠、后围板、后底板、后保险杠骨架;修复－后保险杠骨架、后底板、后桥、拆装、四轮定位 工时费:1200元
3－55	捷豹3.0	更换件:轮胎、钢圈、发动机下护、四方架螺栓、右车门槛下护板、元宝梁、下支臂、平衡杆、发动机脚、连接杆、悬架螺栓、车速传感器 维修:喷漆－前保险杠;机修－拆装、调试、定位等 工时费:2000元
3－56	雷克萨斯GS300	更换件:前保险杠、左下支臂、发动机油底壳、变速器油底壳、转向器、排气支管、消音器节及三元催化器、排气支管垫子、变速器壳、变速器阀体 维修:喷漆－前保险杠;机修－变速器、差速器 工时费:3250元

3.9.6 汽车倾覆碰撞损失的案例

由于车速过高、路面不平、转弯过急等原因，车辆较易发生倾覆。发生倾覆损失的定损案例见表3-11。

拖底碰撞案例的定损结果 表3-11

案例编号	车型	维修情况一览
3－57	江铃金顺	更换件:右侧全部窗玻璃、前风窗玻璃,前保险杠、前照灯,后视镜、钢圈、冷凝器、前翼子板 维修:钣金－右侧车门、前部、前杠、水箱、冷凝器;喷漆－右侧围、水箱框架、冷凝器、前翼子板 工时费:1500元
3－58	骐达	更换件:蒸发箱、暖风箱总成、烟灰缸支架、左侧通风道、左侧三角玻璃饰板、A柱侧板、组合开关饰盖总成、组合开关、音响饰框、仪表框、仪表总成、左侧F饰板、后视镜开关饰框、左侧出风口F饰板、仪表台骨架、仪表台盖板、仪表台、左侧出风口总成、左侧出风口饰板、音响上盖板总成、音响主机、左侧安全带饰板、刮水片、刮水臂、前元宝梁、两前下支臂、两前减振、左前轮胎、左侧玻璃组合开关、车壳、前机盖、左前车门、左后车门、前风窗玻璃、前挡落水板、左后视镜、左前照灯、左前翼子板、前机盖内衬、左前门锁机、左前门内衬、左前门玻璃、左前门玻璃升降器、左前门把手、左前玻璃导槽胶条、左前门外饰条、左前门密封条、三角玻璃、门框胶条、左后门锁机、左后门内衬、左后门玻璃、左后门升降器、左后门外把手、左后门玻璃导槽胶条、左后门外饰条、左后尾灯、左侧中立柱饰板(上、下)、后风窗、后雨刮、后盖、右后尾灯、后保险杠左侧支架、左后门三角玻璃、左后门三角玻璃胶条、车内座饰、车顶内衬、车顶天线、左前翼子板小灯、车顶流水条(左、右)、左前门折页(上、下)、左前门内拉手饰盖、左侧门槛饰板、前风窗胶条、左前立柱内饰板(上、下)、左前门限位器、左后门限位器、左后门折叶、内后视镜、车顶手盒、车顶内饰灯、后盖大饰板、后盖饰板、后盖锁机饰板、左侧后翼子板内饰(上、下)、后盖字标、杂物盒托板(后)、后盖撑杆、后盖密封条、右前照灯、左侧后翼子板饰板(小)、前

续上表

案例编号	车型	维修情况一览
3－58	骐达	落水板铁支架、喷水嘴、左侧后视镜饰盖、后风挡胶条、左前门外把手饰盖、左前、左后门操纵机构、左后门外把手、左后门外把手侧饰盖、左前门玻璃导轨、左、后遮阳板、左侧立柱拉手、地图灯总成、阅读灯总成、左前门框胶条、刮水连动杆总成、风挡左右侧三角饰板、后围板、左后门玻璃框胶条、后保险杠、后桥总成
3－59	捷达	更换件：车壳总成、车门玻璃升降机构、中央控制门锁总成、玻璃、前悬架总成、后悬架总成、车内全部座椅、仪表台总成、轮辋、轮胎、全车内饰件、全车密封胶条、前保险杠总成、后保险杠总成、后视镜及车内后视镜、遮阳板、空气滤清器总成、全车线路、后桥前照灯总成、刮水器、空调滤芯、发动机电脑 维修：全车喷漆 工时费：6300元
3－60	宇通大客	更换件：前保险杠、前顶装饰件主体、前风窗内止口、前风窗上下框外蒙皮、前风窗下框装饰件、前风窗左右侧外蒙皮、前脸面罩、前雾灯、前装饰灯（ED绿色）、前组合前照灯、前风窗玻璃、宇通客车标牌、左右雨刮臂、转向灯、乘客门带推拉窗玻璃、乘客门骨架总成、乘客门门框前后立柱铝型材、乘客门门框密封条、乘客门门框上横梁铝型材、乘客门门扇前后立柱铝型材、乘客门门扇上横梁铝型材、乘客门内饰件、乘客门翘板开关、乘客门上固定玻璃、乘客门下密封件、乘客门拐臂及附件总成、外摆门泵、刮水器电动机固定板、刮水器电动机、刮水器联动杆、刮水器联动杆固定板、刮水片、右侧第5仓门总成、前后轮罩总成、左侧第5仓门总成、右侧第6仓门总成、倒车镜总成、车顶骨架总成、右侧围骨架、前围骨架总成、右侧外涨拉蒙皮、车架前横梁、窗上框铝型材（6.4m）、侧窗上框铝型材（6.8m）、窗立柱装饰板、右侧末窗上固定玻璃、右侧末推拉窗总成、左右侧窗玻璃、后风窗玻璃、窗下框铝型材、车顶侧涨拉蒙皮、仪表台软化扶手、右侧阅读灯线束、蓄电池、主线束、拐臂装饰盖、组合开关、左侧第1仓门、FY450C出风口、FY80型出风口、YUTONG标牌、ZK6100HB标牌、

续上表

案例编号	车型	维修情况一览
3－60	宇通大客	八孔半幅轮毂罩、白色阻燃异性泡沫消间板、半圆条形常开出风口、仓门钥匙、侧标志灯、长波纹管、新仓门小锁、行李架大顶装饰条 PVC、行李架端头铝型材、行李架端头装饰罩、行李架限重标牌、行李架支腿护罩、仪表台固定梁、仪表台总成、异性阻燃海绵、饮水机、右侧围第 2 立柱总成、右侧围第 1 立柱总成、右侧行李架上封板总成、右侧装饰板、右行李架前封头、右侧行李架底板总成、窄边窗帘槽、遮阳帘罩、针刺地毯、乘客门侧装饰件、乘客门控制器、、挡泥板、导游歇脚板、电喇叭总成、蓄电池负极保护套、蓄电池线、蓄电池正极护套、蓄电池支座、电喇叭转换开关、18 英寸电视机、电子钟、顶风扇、转向器支架、转向盘、防尘罩、轮辋、轮罩车标、顶普通压条 0.15KG\M、内视镜总成、耐油橡胶管、尼龙管（14×1.5、12×1.5、6×1、10×1.7、16×1.5）、尼龙碰锁、喷水嘴、普通前顶装饰件、气支撑、气支撑上下支座、VCD 总成、轮胎、司机侧装饰件总成、司机推拉窗、踏步灯、踏步角铝（30×25×3）、踏步压条、踏步主体、无轨铰链遮阳帘、装饰罩、乘客门、备胎摇把孔、组合仪表、左侧围第 1 立柱、左侧装饰板、冷凝风机、空调线束（车架、操纵、电源）、数控面板、空调电控盒、温度传感器、乘客双排座椅、空调高压开关（KLCJ-1001、KLCJ-1002）、冷凝器盖子、空调风门执行器、蒸发风机、新风机、高低压开关、发动机 ECU、VDO 气压传感器、仓灯翘板开关、超薄型导游座椅、窗帘、灯光控制翘板开关、低气压报警开关、地板侧压条、电磁式电源总开关、电路保护器 VCD、电路保护器、读书灯翘板开关、发动机预热翘板开关、副起动控制盒 FQD002、后雾灯翘板开关、换档软轴总成、铰链固定合页、紧急灯翘板开关、快放阀、里程表传感器、熔断丝、普通型安全锤、前雾灯翘板开关、翘板开关六联框、三组合塔板支架、三组合塔板总成、散热器翘板开关、手控阀、双半椭圆灯出风口、双半椭圆过渡板、双半椭圆出风口过渡板、水控制翘板开关、水位报警开关、水温传感报警开关、司机灯翘板开关、驾驶人座椅后钢管喷塑护栏、驾驶人座椅总成带按摩、左行李架前封头、扬声器、油门拉锁、洗涤器总成、前工字梁、前横向稳定杆总成、前减振器下支架、前减振

续上表

案例编号	车型	维修情况一览
3－60	宇通大客	器上下销、前稳定杆吊杆总成、前直拉杆、前自动调整臂、转向垂臂、转向柱管、转向横拉杆、转向轴罩、箱灯翘板开关、电源翘板开关、顶灯、示廓灯、前制动分泵、深色地板革、除霜器、风道玻璃钢内顶板、离合器总泵、离合器助力器、行车记录仪、行车制动开关、语言倒车蜂鸣器、左侧行李架上封板总成、蒸发器盖子、底盘线束、电源盒总成、车箱暖风机、备胎架、减速器总成、传动轴总成、水箱、缓速器手柄开关、缓速器压力开关、空调前部阻风罩、室内回风栅 维修:拆装－减速器总成、传动轴总成、水箱、缓速器手柄开关、缓速器压力开关、空调前部阻风罩、室内回风栅等;钣金－发动机、变速器检查、更换车身顶、前围、侧围骨架、修复车身外表、校正车架、内饰拆装、安装玻璃;喷漆－全车 工时费:27000元

第4章　汽车碰撞事故非车辆财产及人员伤亡的定损实务

4.1　非车辆财产损失的确定

保险事故除了能导致车辆的损失外，还有可能导致第三者的财产损失和车上承运货物的损失，从而构成第三者责任险、车上货物责任险的赔偿责任。

第三者财产损失包括第三者车辆所载货物、道路、道路安全设施、房屋建筑、电力和水利设施、道旁树木花卉、农田庄稼等。无论是第三者车上货物，还是被保险车辆的车上货物，种类繁多，不胜枚举。可见，事故中造成的非车辆财产损失涉及范围较大，所以对其定损的标准、技术以及掌握尺度相对机动车辆来讲要困难得多。但总体来说，保险人应按事故现场直接造成的现有财产实际损毁，依据保险合同规定予以赔偿。确定时可与被害人协商，协商不成可申请仲裁或诉讼。但间接损失、第三者无理索要及处罚性质的赔偿不予负责，因此，保险人的实际定损费用与被保险人实际赔付第三者的费用或车上货物的实际损失额度往往有差距，这需定损人员做好被保险人的解释说服工作。具体应注意以下4个方面。

4.1.1　损失修复原则

第三者财产和车上货物的恢复以修复为主。无法修复和无修复价值的财产可采取更换法处理。更换时应注意品名、数量、制造日期、主要功能等。对于能更换零配件的，不更换部件；能更换部件的，不更换总成件。

4.1.2 确定物损数量

交通事故中常见财产损失有公路路产、供电通信设施、城市与道路绿化等。

相关财产的品名和数量可参照当地物价部门列明的常见品名和配套数量。受损财物的数量确定还必须注意其计算方法的科学性、合理性。

4.1.3 损失金额的确定

(1) 简单财产损失应会同被保险人一起根据财产价值和损失程度确定损失金额，必要时请生产厂家进行鉴定。

(2) 对受损财产技术性强、定损价格较高、难度较大的物品，如较难掌握赔偿标准时，可聘请技术监督部门或专业维修部门鉴定，严禁盲目定价。

(3) 对于出险时市场已不销售的财产，可按客户原始购置发票数额为依据，客户不能提供发票的，可根据原产品的主要功能和特性，按照当前市场上同类型产品推算确定。

(4) 其他物资查勘定损。

市政和道路交通设施：如广告牌、电灯杆、防护栏、隔离桩、绿化树等，在定损中按损坏物产的制作费用及当地市政、路政、交管部门的赔偿标准核定；但应注意该类财产损失的特点，即市政部门和道路维护部门对肇事者索要的赔偿往往有处罚性质及间接损失的赔偿。因此，在定损、核损过程中，理赔人员应区分第三者索赔中哪些为直接损失，哪些属于间接费用，哪些属于罚款性质。

房屋建筑：应了解房屋结构、材料、损失状况，然后确定维修方案，最后请当地数家建筑施工单位对损坏部分及维修方案进行预算招标，确定最低修复费用。

道旁农田庄稼：在青苗期按青苗费用加上一定的补贴即可，成熟期的庄稼可按当地同类农作物平均产量测算定损。

家畜、牲畜：牲畜受伤以治疗为主，受伤后失去使用价值或死亡的，凭畜牧部门证明或协商折价赔偿。

车上货物及其他货品：应根据不同的物品分别定损，对一些精密仪器、家电、高档物品等应核实具体的数量、规格、生产厂，可向市场或生产厂了解物品价格；对易变质、易腐烂的（如食品、水果类等）物品，在征得保险公司领导同意后，应尽快现场变价处理；对于车上货物，还应取得运单、装箱单、发票，核对装载货物情况，防止虚报损失。同时应注意，根据机动车辆保险条款，定损人员只需对损坏的货物进行数量清点，并分类确定其受损程度，而对诈骗、盗窃、丢失、走失、哄抢等造成的货物损失，原则上不负责赔偿。

（5）根据车险条款规定，损失残值应协商折价折归被保险人，并由被保险人进行处理。

（6）定损金额以出险时保险财产的实际价值为限。

4.1.4 维修方案的确定

根据损失项目、数量、维修项目和维修工时及工程造价，确定维修方案。对于损失较大的事故或定损技术要求较高的事故，可委托专业人员确定维修方案。

4.2 人员伤亡

保险车辆发生事故，造成人身伤亡的，由调查人员对伤亡人员的抢救、治疗过程，死亡原因鉴定和伤残等级评定，以及相关费用的使用情况进行调查。对于轻伤未住院的，可通过电话调查并告知被保险人理赔须知或对客户提供的人伤索赔材料进行核定。对于伤势较重或因伤住院治疗的，调查人员应到医院对伤者进行调查。

4.2.1　医疗案件调查内容

4.2.1.1　伤残案件调查内容

（1）伤者个人基本信息、创伤诊疗信息、既往疾病史（有既往疾病史者，需详细记录疾病名、创伤前是否服药治疗及治疗效果）。创伤诊疗信息，包括伤者门诊治疗医院、伤者诊断、实际已发生的医疗费，事故经过及责任认定情况，伤者治疗效果，下一步治疗方案等。

（2）向伤者核实并记录出险经过和原因，注意核实是否属交强险责任免除或垫付医疗费义务的交通事故；事故涉及的机动车辆牌号、交强险投保信息；肇事驾驶人出险当时状况、事故导致人车物的损失情况。

（3）伤者及护理人员的职业状况、收入情况，护理人数及护理时段。

（4）对于涉及整容、治牙费、引发既往病症、评残等复杂案件，应重点核实整容、治牙、引发的既往病症、伤残与交通事故创伤的关联性及合理性。

（5）向主管医生咨询伤者具体诊断、治疗方案、后续治疗等医疗专业问题，预计达到伤残评定标准的，估评伤残等级。

（6）对需垫付、支付医疗费的案件，告知按照道路交通事故人员创伤诊疗指南和抢救当地的社会基本医疗保险的标准诊治。并向医院索取伤者病历或诊断证明，抢救费用单据和明细，收集治疗医院交强险医疗费用专用账号，医疗费管理部门、联系人、联系方式。

（7）复印伤者病历、诊断证明或其他治疗及费用资料。拍摄病房内伤者病床卡等相关照片。

（8）制作人伤查勘报告。绘制人体损伤部位图，描述具体损伤部位。

4.2.1.2 死亡案件调查内容

（1）送医院抢救无效死亡及治疗出院后由于交通事故创伤原因导致死亡的案件，应先按上述住院案件要求进行查勘。核实交通事故创伤或创伤所致并发症是否为导致死亡的主要原因，对死亡原因不明确的案件，尤其是伤者有严重既往疾病史或怀疑医源因素时，应要求被保险人方尽快向司法部门申请鉴定死亡原因。

（2）死亡案件调查时应注意死者籍贯、户籍、常住地及居住时间、被抚养人、赡养人信息。

（3）收集在常住地的收入情况、实际年龄等信息。

（4）死亡案件可能涉及的其他赔偿项目。

（5）其他信息调查按伤残案件要求执行。

4.2.2 人伤案件赔偿标准及审核

4.2.2.1 医疗费用

医疗费用主要包括医药费、诊疗费、住院费、住院伙食补助费、后续治疗费、整容费、必要的营养费等。

医疗费根据医疗机构出具的医药费、住院费等收款凭证，结合病历和诊断证明等相关证据确定。没有有效发票的不予赔付，住院发票中如有伙食费、餐具费、陪伴费、护工费、其他物品费应在医疗费中剔除。住院期间未经医院同意自购的药费不予计算赔款，国家规定的自费药品不予计算赔偿。

医疗费的赔偿数额，按照一审法庭辩论终结前实际发生的数额确定。器官功能恢复训练所必要的康复费、适当的整容费以及其他后续治疗费，以待实际发生后另行确定。但根据医疗证明或鉴定结论确定必然发生的费用，可与已发生的医疗费一并赔偿。

住院伙食补助费，是指对受害人住院治疗期间伙食费用的一定补助。如果受害人没有住院，就没有这项赔偿费用。受害人确有必要到外地治疗，因客观原因不能住院，其本人及其陪护人员实际发生的伙食费，其合理部分应予赔偿。住院伙食补助费可参照当地国家机关一般工作人员的出差伙食补助标准确定。

营养费根据受害人伤残情况参照医疗机构的意见确定。

后续治疗费可待实际发生后予以赔偿。但根据医疗证明或鉴定结论确定必然发生的费用，可与已经发生的医疗费一并赔偿。

医疗费审核的依据主要有：保险条款的约定；国务院卫生主管部门组织制定的《交通事故人员创伤临床诊疗指南》；国家基本医疗保险标准。

4.2.2.2　其他费用

其他费用主要是指死亡伤残费用。包括丧葬费、死亡赔偿金、交通费、住宿费、误工费、被抚养人生活费、残疾赔偿金、残疾辅助器具费、护理费、被保险人依照法院判决或者调解承担的精神损害抚慰金等。

丧葬费按照受诉法院所在地上一年度职工月平均工资标准，以6个月总额计算。

死亡赔偿金按照受诉法院所在地上一年度城镇居民人均可支配收入或者农村居民人均纯收入标准，按二十年计算。但六十周岁以上的，年龄每增加一岁减少一年；七十五周岁以上的，按五年计算。赔偿权利人举证证明其住所地或者经常居住地城镇居民人均可支配收入或农村居民人均纯收入高于受诉法院所在地标准的，死亡赔偿金可以按照其住所地或者经常居住地的相关标准计算。

交通费根据受害人及其必要的陪护人员因就医或者转院治疗实际发生的费用计算。交通费应当以正式票据为凭；有关凭据应当与就医地点、时间、人数、次数相符合。

住宿费是指受害人确有必要到外地治疗，因客观原因不能住院，受害人本人及其陪护人员实际发生的住宿费用。住宿费凭住宿发票计算赔款。

误工费根据受害人的误工时间和收入状况确定。误工时间根据受害人接受治疗的医疗机构出具的证明确定。受害人因伤致残持续误工的，误工时间可以计算至定残日前一天。受害人有固定收入的，误工费按照实际减少的收入计算。受害人无固定收入的，按照其最近 3 年的平均收入计算，受害人不能举证证明其最近 3 年的平均收入状况的，可参照受诉法院所在地相同或相近行业上一年度职工的平均工资计算。

被抚养人生活费根据抚养人丧失劳动能力的程度，按照受诉法院所在地上一年度城镇居民人均消费性支出或农村居民人均年生活消费支出标准计算。被抚养人为未成年人的，计算至十八周岁；被抚养人无劳动能力又无其他生活来源的，计算二十年。但六十周岁以上的，年龄每增加一岁减少一年；七十五周岁以上的，按五年计算。被抚养人是指受害人依法应当承担抚养义务的未成年人或者丧失劳动能力又无其他生活来源的成年近亲属。被抚养人还有其他抚养人的，赔偿义务人只赔偿受害人依法应当负担的部分。被抚养人有数人的，年赔偿总额累计不超过上一年度城镇居民人均消费性支出额或者农村居民人均年生活消费支出额。赔偿权利人举证证明其住所地或经常居住地城镇居民人均可支配收入或者农村居民人均纯收入高于受诉法院所在地标准的，被抚养人生活费可按照其住所地或经常居住地的相关标准计算。

残疾赔偿金根据受害人丧失劳动能力程度或者伤残等级，按照受诉法院所在地上一年度城镇居民人均可支配收入或者农村居民人均纯收入标准，自定残之日起按二十年计算。但六十周岁以上的，年龄每增加一岁减少一年；七十五周岁以上的，按五年计算。受害人因伤致残但实际收入没有减少，或者伤残等级较轻但造成职业妨害严重影响其劳动就业的，可以对残疾赔偿金作相应调整。超过确定的残疾赔偿金给付年限，赔偿权利人向人民法院起诉请求继续给付残疾赔偿金的，人民法院应予受理。赔偿权利人确实没有劳动能力和生活来源的，人民法院应判令赔偿义务人继续给付相关费用5～10年。赔偿权利人举证证明其住所地或经常居住地城镇居民人均可支配收入或者农村居民人均纯收入高于受诉法院所在地标准的，残疾赔偿金可按照其住所地或者经常居住地的相关标准计算。

残疾辅助器具按照普通适用器具的合理费用标准计算。伤情有特殊需要的，可以参照辅助器具配制机构的意见确定相应的合理费用标准。辅助器具的更换周期和赔偿期限参照配制机构的意见确定。超过确定的辅助器具费给付年限，赔偿权利人向人民法院起诉请求继续给付辅助器具费的，人民法院应予受理。赔偿权利人确需继续配制辅助器具的，人民法院应判令赔偿义务人继续给付相关费用5～10年。

护理费根据护理人员的收入状况和护理人数、护理期限确定。护理人员有收入的，参照误工费的规定计算；护理人员没有收入或者雇佣护工的，参照当地护工从事同等级别护理的劳务报酬标准计算。护理人员原则上为一人，但医疗机构或者鉴定机构有明确意见的，可以参照确定护理人员人数。护理期限应计算至受害人恢复生活自理能力时止。受害人因残疾不能恢复生活自理能力的，可以根据其年龄、健康状况等因素确定合理的护理期限，但最长不超过二十年。受害人定残后的护理，应当根据其护理依赖程度并结合配制残疾辅助器具的情况确定护理级别。超过确定的护理期限，赔偿权利人向人民法院起诉请求继续给付护理费的，人民法院应予受理。赔偿权利人确需继续护理的，人民法院应当判令赔偿义务人继续给付相关费用5～10年。

精神损害抚慰金适用《最高人民法院关于确定民事侵权精神损害赔偿责任若干问题的解释》（见光盘中的附录6）予以确定。

以上费用的审核依据：《最高人民法院关于审理人身损害赔偿案件适用法律若干问题的解释》（见光盘中的附录5）规定的标准。

第 5 章　汽车碰撞损失中保险欺诈的形式与识别

保险是以诚实信用作为正常运营基础的，“最大诚信原则”是保险业的一个基本原则。失去了它，保险行业就会面临生存的困惑。

诚实信用，包括保险公司和客户双方。双方谁也不应该对对方进行欺诈。因此，保险公司在做好自身诚信的同时，也必须做好来自于别人的、针对自己的欺诈防范工作。

5.1　汽车保险欺诈的概念

5.1.1　保险欺诈的定义

保险欺诈（也称道德风险）是指投保人、被保险人或受益人以骗取保险金为目的，以虚构保险标的、编造保险事故或保险事故发生原因、夸大损失程度、故意制造保险事故等手段，致使保险人陷于错误认识而向其支付保险金的行为。

5.1.2　保险欺诈的现状

保险欺诈几乎同保险业本身一样古老。近年来，随着保险业的蓬勃发展，保险欺诈有逐步扩大的趋势，因欺诈而导致的支出占总赔款支出的比例不断攀升。在西方，因欺诈而导致的赔款支出，通常占保费收入的 10% ~30%。在美国，保险欺诈是白领阶层犯罪比例最高的。2002 年，财产保险发生的欺诈使保险人损失 310 亿美元，各种各样的保险欺诈总金额估计每年为 850 ~1200 亿美元。

在我国，由于市场经济的逐步建立，保险业务的发展很快，车险的发展更快。2006年，我国车险保费收入1107.87亿元，占财产险公司业务比重为70%，稳居财产险第一大险种。但是，各家保险公司在抢占车险市场的同时，也被各式各样的车险骗赔行为困扰，各保险公司因被欺诈而导致的赔款支出占保险费收入的20%～30%。

与其他保险诈骗类型相比，车险骗赔金额小、数量多，更难察觉。

5.1.3　汽车保险欺诈的主要形式

在汽车骗保案中，不法分子采取的主要手段有：

编造事故、编造原因、制造事故；扩大损失；重复索赔；故意碰撞、联合骗保；更换伪劣配件；酒后换驾、非驾驶人换驾等。其中扩大损失和重复索赔最为常见。

在众多的车险骗赔行为中，主要是修理厂和代理人。他们利用客户委托其索赔的机会，在修理过程中“偷梁换柱”向保险公司索要高额保险赔偿金，赚取差价的行为尤为严重，占全部骗赔宗数1/3以上。

5.1.4　汽车保险欺诈的影响

由于保险欺诈的存在，保险业不得不将其作为一种不可避免的风险因素而接受，在经营过程中进行种种规避：

开发新险种时不得不掂量一下道德风险的因素。对于一些市场上急需的险种，由于畏惧保险欺诈，在尚未找到行之有效的防范措施前，不敢贸然开发。

计算保险费时，迫不得已地要将其考虑在内，这不但增加了善良人们的负担，也给保险业的正常经营增加了难度，从而对保险业的健康发展造成负面影响。

理赔时如临大敌。理赔人员整日为识别案件真伪而奔忙，查勘费用急剧增加。

“投保容易理赔难”的说法，也有一部分来源于因保险欺诈引起的保险公司拒付保险金事件，其他被保险人不明就里，受到舆论影响而得出这样一个片面的结论。这给保险公司的声誉造成巨大的无形损害。

车险骗赔不仅增加了保险公司风险，对投保人的保险权益也造成了极大损害。

5.2 汽车保险欺诈的成因分析

汽车保险欺诈产生的原因是多方面的，不仅有投保人、被保险人和受益人方面的，也有保险人和社会方面的。诚信的缺失固然是骗赔产生的社会根源，但保险公司的粗放经营、反欺诈手段的落后和追罚不力，也使骗赔者拥有了“低成本的伤害力”。

5.2.1 社会缺乏诚信体系和健全的监控机制

不少人认为，投保人、被保险人或受益人欺骗保险公司是可以原谅的过错，并不是什么违法行为。这种社会评价，无疑在为保险欺诈推波助澜。由于失去了社会监督和道德谴责，致使保险欺诈者有恃无恐。不少恶意骗保者得逞后，保险公司很难再找到他。如果在一个信用社会，骗保事实一经确认，当事人的信用就会有不良记录，从而在某种程度上减少了欺诈。

5.2.2 法律环境的影响

在很多法律条款中，出于保护被保险人的考虑，习惯于选择有利于被保险人的证据来认定赔偿，使一些保户得到了本无权得到的赔偿，从而助长了他们的嚣张气焰。

5.2.3 保险业信息交流不畅

有些保险公司视对方为竞争对手，很少互相通报骗保骗赔情况，使居心不良的欺诈行为屡屡得逞。

5.2.4　核保核赔缺乏必要的内控机制

一些保险公司采取粗放式经营，抱着“捡到篮里就是菜”的态度，不能在核保前对保险标的进行科学的风险评估，发生赔案时，第一现场查勘率不高，识别真假的能力不强。

5.2.5　现场查勘不到位

许多案件的第一现场到达率低，现场查勘、调查不及时，第一手资料匮乏，容易使诈骗者在事件性质、受损程度、证据等方面做手脚、钻空子。

5.2.6　保险从业人员素质偏低

保险工作专业性要求很强，不仅需要较高的道德素质，更需要较强的专业素质。如果从业人员不能胜任本职工作，很容易给欺诈者以可乘之机；更为恶劣的是，个别人经不住金钱诱惑，同欺诈者内外勾结，共同骗取保险金。

5.2.7　保险人与保险标的在空间分离

投保人所投保的标的无论在投保前还是在投保后都控制在投保人或被保险人手中，大多数情况下，保险公司只能根据投保人的告知来决定是否承保和适用何种费率。

5.2.8　个别投保人或被保险人法制观念淡薄

他们认为即使诈骗行为被识破，充其量就是被拒赔。自以为骗赔手段诡秘，可以瞒天过海。不少人错误地以为，如果在保期内没有发生事故，就等于白白送钱给保险公司。于是，采取了种种手段欺骗保险公司。

5.2.9　高回报产生的强力诱惑

保险合同可以使投保人支出少量保费，获得上百倍于保费的保障。低成本、高收益在一定程度上为保险欺诈提供了动机，促使他们期望诈骗成功而一夜暴富。

5.2.10 偶然因素诱发

例如，王某的汽车撞坏，损失严重，本来他还没有投保，李某误以为他已投保，就提醒尽快去保险公司报案。由于提醒，使王某萌生了“先出险、后投保，骗取保险金以弥补损失”的想法，并实施了一系列欺诈行为。

5.3 汽车保险诈骗案的调查

汽车保险诈骗是行为人故意实施的违法犯罪行为，案件大都有预谋和策划，隐蔽性较强。而对构成犯罪的诈骗案件的管辖权属于公安机关。因此，保险人应配合公安机关做好以下几项工作：

5.3.1 充分注重接报案

当事人报案时，大多是事故发生的第一时间，报案时所说的话，大多是没有来得及仔细琢磨的话，比较接近事实真相，必须高度重视接报案工作。

【案例5-1】 某保险公司承保了一辆解放牌自卸车。2008年1月22日20：39，查勘人员接到公司的查勘调度，标的车在一县级市的街道发生了事故，撞死了一位骑摩托车的人，要求他们出现场。他们只用15分钟就到达了事故现场，发现交警已将现场清理完毕，没有见到肇事车辆。查勘人员与报案人取得了联系，报案人称保险车辆撞死了一人，肇事驾驶人已被交警带走。

在事故现场，查勘人员没有获得更多有价值的情况，但对报案人回答问题时的含糊其词和现场很快被清理完毕产生了怀疑。这说明事故发生已经有一段时间了，为什么车主不及时报案?

查勘员回到公司后，带着疑问听了报案录音。结果发现报案人柏××在回答接线员询问时漏洞百出。

接线员:“被撞的摩托车损坏大吗?”

柏××:“我来得晚，没仔细看。”

接线员:“驾驶本车的驾驶人是谁?”

柏××:(无语，停顿时间有20多秒)

接线员:“驾驶本车的驾驶人是谁?”

柏××:“是我”。

接线员:“你是驾驶人本人吗?”

柏××:(无语)

接线员:“你是柏××吗?”

柏××:“是的”。

通过分析报案录音，查勘人员认为报案人柏××有冒名顶替肇事驾驶人的重大嫌疑，感觉应该马上向当地检察院求援。自第二天起，查勘员与检察官一道两次到交警大队了解情况，均因“还未做出鉴定”，没有获得有价值的证据。查勘员与检察官没有停歇，从外围展开了调查。结果在交警正式鉴定结果之前核实：报案人柏××是驾车肇事驾驶人的父亲，其子患有精神分裂症，父子俩1月22日下午到工地收账，儿子趁父亲不注意，把货车开跑了，没想到撞死了人。后来，交警也证实了报案人的儿子属于无证驾驶的事实。此案的拒赔，给保险公司挽回了20多万元的经济损失。

5.3.2 及时查勘现场，掌握第一手资料

5.3.2.1 及时查勘现场

事故现场会遗留各种痕迹和物证，记载着真实反映事故发生、发展过程的信息。但这些痕迹和物证极易受到破坏。因此，案发后，保险人员应及时赶赴现场，尽可能多地掌握记录着现

场原始情况的资料，包括痕迹、物证、询问笔录、影视资料、损失清单、财务账本等。

【案例5-2】 4月24日23：38，某保险公司接到报案，一辆捷达轿车由李永驾驶在一市镇转弯时撞到了石头，标的车前部受损，气囊爆开（图见光盘中的案例5-2）。

接到调度后，查勘人员立即赶往现场，发现现场人员较多，甚至汽车修理厂的人员也在现场，感觉有疑点。在回答查勘人员的询问时，驾驶人李永对事故的来龙去脉描述得十分完整、清晰，合情合理。由于损失较大，查勘人员将此案移交给大案组处理。

第二天，大案组针对笔录情况展开调查，发现李永出险后在其所称的医院治疗的情况有假，而且李永本人也没有出现受伤的迹象，这就印证了查勘人员的初步判断，此案存在着道德风险。大案组对李永做了大量的思想工作，终于使其说出了事故真相：这起事故原本是由无证人员驾车出险后，找他来“顶包”的，以求获取保险赔款。此案拒赔金额约为2.5万元。

5.3.2.2 认真调查事故经过

调查时，一方面应围绕出险事故，向投保人、被保险人、驾驶人、受益人、目击者调查，对事故发生的经过、原因、损失情况及保户经营状况、个人品行、近期异常表现、保险标的状况等与事故有关的情况进行详细询问，并作好调查记录。另一方面，与负责事故处理或鉴定的有关部门密切配合，及时了解事故处理的情况，提出涉嫌诈骗的疑点，争取公安部门的支持，围绕揭露诈骗而调查取证。

5.3.3 综合分析案情，寻找揭露诈骗的突破口

充分运用现场查勘和调查访问所掌握的证据，分析案件性质，甄别属于保险事故还是诈骗案件，重点从以下三个方面分析。

5.3.3.1　分析投保动机

分析投保动机时，要特别注意两种情况：一是超额投保。凡打算造成保险标的全损的案件，绝大多数都进行了超额投保，其动机就是以损失价值较小的投保标的换取高额赔款；二是对多次拒绝投保而后又主动上门投保的案件。这类案件，大多是先出险后投保，或是风险即将发生，临危投保，以求转嫁损失。

5.3.3.2　将有关时间联系分析

即分析投保时间、出险时间、报案时间之间的内在联系。实践证明，有预谋的诈骗案件，在几个关键的时间上总有一些特殊联系。一般来说，投保时间与出险时间相隔越短，出险时间与保单责任终止时间相隔越近，出险时间与报案时间间隔越长，越应引起特别警惕，要仔细分析原因，发现疑点，迅速查证。

5.3.3.3　将现场痕迹物证及有关证据结合分析

重点分析两个方面：一是将现场痕迹物证与保单、原始记账凭证进行对比，分析现场标的物及损失数目与书证记载的内容是否相符；二是将现场痕迹物证与有关证据进行对比，相互质证，辨明真伪。通过分析证据与事实、证据与证据之间的相互关系，识破诈骗者惯用的伪造、非法变更有关证明材料的伎俩。

5.4　汽车保险欺诈的常见表现形式

5.4.1　虚构标的、刻意骗赔

这类保户购买汽车保险时，并非为了获得保险保障，而是企图通过廉价的保费支出攫取不义之财。他们购买保险，是经过筹划和准备的，为根本不存在的汽车投保，然后再以标的灭失为由提出索赔。例如，为原本没有投保，但已经于夜间被盗窃走的汽车投保，就属于这种情况。

5.4.2 虚假告知、伺机骗赔

根据保险经营的最大诚信原则，如实告知是投保人必须履行的义务。这一范畴包括与保险标的有关的所有有利与不利的事实，以便保险人确定是否承保和保费与保险金额的高低。有的保户出于某种目的或在较低的缴费水平上获得较高的保障程度，往往采取“虚”报、“漏”报、“错”报、“高”报等手段提供假证明欺骗保险人，使不具备投保资格的标的混入被保险行列，扩大了保险损失的发生概率，使客户交纳的保费与保险公司承担的责任不相符，增加了保险公司的经营风险。

【案例5-3】 张先生花费57.8万元购买了一辆丰田吉普，并花6800多元投保了车辆损失险和全车盗抢险，保险金额70万元。在保险期限内，他的车在住宅楼下被盗。公安人员虽在3个月之内侦破了此案，但车辆已无法追回。于是，张先生向保险公司索赔，请求赔付70万元×80% =56万元，被拒绝，引发诉讼。

保险公司解释，之所以没有按要求赔偿，是因为张先生在投保时没有如实申报汽车价值。保险公司依据调查得到的交易价格，只能按实际价值57.8万元来计付赔偿金。另外，由于张先生没有向保险公司提供车辆的原始购车发票，应增加0.5%的免赔率。保险公司只能按57.8万元的79.5%赔付。

法院审理认为：双方订立的保险合同中的保险金额高于实际价值部分应该无效。判保险公司按57.8万元的79.5%向车主赔付，同时支付车主主张的相关利息。另外，保险公司应返还车主因多保的12.2万元而花费的保费，但车主没有向法院提出，法院不对这部分进行判处。

5.4.3 出险在先、投保在后

本来车辆没有投保，或者上一年度的投保已经到期，但被保险人没有及时续保。可是，偏偏车辆在这个空档期发生了“假如投（续）保可以被保险公司认可”的事故，于是，车主就抓紧投保、延迟报案，或者串通保险公司内部的工作人员前推保单日期，以便使出险日期发生在“保险期限”之内。这一欺诈手段比较简单，虽然经常发生，但只要保险公司严格承保手续，及时进行查勘，是完全能够防止的。

【案例5-4】 林先生的货运汽车挂靠在一家车队。去年3月，他把几千元保费交给车队长，由车队代办了“全保”，并领到了保险卡。今年3月8日，林先生驾车在高速公路上发生了事故，随车的妻子身负重伤，车子严重损坏。在向交警报警的同时，还根据“保险卡”上的报险电话报了险，又通知了挂靠的汽车队。此后，林将车子运回当地修理，并将在当地肇事垫付的5万多元费用的票据交给车队，要求车队代其向保险公司索赔。然而，一个月过去了，保险理赔却迟迟办不下来。就在林焦急等待中，当地媒体披露了一起“骗保事件”，说有一辆车出事后，车队才去投保企图骗保，幸亏保险公司工作人员心细，戳穿这场骗局。看到报道中提及的车祸与自己的出事过程“惊人相似”，前往查证，结果发现其实车队根本就没有给他的车投保。

5.4.4 谎称出险、编造事故

这是指投保人、被保险人或受益人在保险期限内对并未发生的损失而向保险公司提出索赔的行为。被保险人通过“制造”虚假事故、更换车辆报废的零部件、单方事故后再重新伪造双方事故、本不属于保险责任但事后制造事故骗取修理金，等等。为了取得保险公司的“信任”，造假者往往采取唆使、收买他人提供虚假证明、资料或其他证据，或者伪造或变造修理发票、伪造证明、私刻公章、篡改事故责任认定书等手段。

【案例5-5】 2006年10月，深圳一驾驶人报案称，16日他驾驶皇冠轿车在公路上与另一轿车碰撞，导致车辆损坏，并有由交通警察大队出具的由他负全责的认定书，要求赔偿。获赔6万多元。2007年9月，保险公司对已赔付案件进行抽样复查，派调查员前往“事发”地交警大队核查，交警查阅资料后表示，发生事故当天该大队并没有该车发生交通事故的任何记录。经验证，交给保险公司的“道路交通事故快速处理决定书”和“道路交通事故损害赔偿调解书”都是伪造的。由于投保人索赔时，必须出具汽车维修厂出具的发票，调查员又将此索赔案的发票送往税务部门查验，结果发现是假发票。于是，调查员到负责代投保人索赔的汽车维修厂了解情况，负责人不得不表示：其实车主并没在他们厂维修，只是委托其向保险公司索赔，维修厂收取了5000元的代收赔款手续费。

5.4.5 编造原因、隐瞒真相

事故发生后，或者属于保险合同的免责范围，或者需要承担较高的免赔比率，于是，被保险人就想方设法编造事故原因、隐瞒事故真相，以此来欺骗交警、欺骗查勘人员。为达此目的，他们往往采用骗取警方事故证明，或者篡改事故责任认定书，或者伪造事故责任认定书等，从而达到骗赔的目的。

【案例5-6】 某公司承保了一辆海马轿车，报案称于2007年1月21日19：00，在正常驾驶时，因躲避来人而掉进沟里。

现场查勘表明，出险地点位于一渔场附近，沟深约三米，汽车翻在沟里，呈现受损状，驾驶人称无人受伤，因天色已晚，拍摄现场照片后即将车拖回了4S店。在4S店，发现车前杠、前照灯、前机盖、后机盖都有血迹，但驾驶室内反而没有；车玻璃、车灯损坏严重，但车体变形很小，与翻车特征不符。因车损有诸多疑点，又回想起事发当天的白天，出险人员曾到4S店询问车被砸了是否可以获赔，得到了否定的回答。分析认为，事故有造假嫌疑（图5-1）。

第二天，客户应保险公司之约来到4S店处理事故，查勘人员做了询问笔录，客户表情很不自然，回答一句话要思考半天。

做完笔录后查勘员第二次查勘了事发现场，结果一点血迹也没找到，询问在附近地里干活的人，都不知道昨晚这里曾经翻车。后来，经与出险地派出所联系，工作人员说他们接到过报案，事故车主兄弟两个，每人买了一辆车，因家庭琐事发生殴打，互相把对方的车给砸了。经调查，所谓翻到沟里的车正是被砸的车，此事还得到了车主父亲的证实。拿到证据后，查勘人员向报案人说明了保险诈骗的法律后果，报案人主动撤案。

图5-1　兄弟打架砸坏了的海马轿车

5.4.6　报案不实、夸大损失

夸大损失是指保险标的发生保险事故后，被保险人制造伪证，虚报损失。但这种欺诈手段比较低劣，容易被保险公司发现。

【案例5-7】　王某驾驶着满载建筑材料的斯太尔大货车，行至某城市的绕城路时，轮胎钢圈突然脱离，划坏了2 100多米的道路路面。经路政部门认定，赔偿路产损失5 000元，并为他开具了专用收据。事后，王某绞尽脑汁地想出了涂改发票骗取赔款的拙劣伎俩，用小刀将发票大写的“万”字前原有“￥”清除干净后，又填写上大写“壹”字，变成了15 000元。索赔时被识破。

5.4.7 故意造险、谋求获赔

本来投保的汽车没有发生事故，但为了获得赔偿，相关人员故意制造事故，造成保险车辆的损失，获取保险公司的赔款。

【案例5-8】 国内某特大城市几大保险公司的调查结果显示，城郊80%的小修理厂不同程度地存在骗保行为。不法分子虽然通过故意制造交通事故骗赔者可以得到相应的赔偿，可毕竟每次车都是真的撞了，出去维修的话，零件费和修理费也是一笔不小的开支，那他们又怎么能从中赚到钱呢？他们的伎俩是这样的：

第一步，利用三无汽修厂或三类小汽修厂做“后盾”，频繁使用自己的或汽修厂内待修理的汽车故意制造事故。而被撞坏的车辆也就顺理成章的在自己修理厂内花小钱进行修理，从中赚取高额的差额保险金。

第二步，设法搞到可以被保险公司认可的发票。按规定，事故车必须在一类、二类修理厂维修、开具发票，保险公司才给报销。为达骗保目的，就找家一类、二类修理厂买发票，或者用自己三类修理厂资质的发票，到二类资质的修理厂盖章。

第三步，为了不让保险公司起疑，拉拢亲友充当“撞车驾驶人”，每次付给每人100～200元的好处费，每月骗保若干次。撞了太多次的车，修好后转卖外地，借此瞒天过海。

第四步，对来汽修厂进行正常维修的车辆秘密进行碰撞，在客户取车前、成功骗保后，再偷偷把车修好，从外观上看，客户根本不知道自己的车被撞过。某些情况下，甚至建议车主在他的维修厂续保，在保险受益人处写上自己名字，明着是为客户提供车辆维修和办理保险的方便，实际是为撞车后方便领取保险金。

一般的撞击骗术大概经过这样几个程序：

车主送车维修按要求留下身份证——汽修厂老板用车主身份证开存折——“专职撞车驾驶人”开送修车出门搞“撞击”——骗取交警开具“交通事故认定书”——保险公司对受损车辆拍照登记——汽修厂对受损车辆进行维修——汽修厂派人凭修理费发票和存折复印件到保险公司拿钱——保险费打入汽修厂老板用车主身份证开户的存折。

5.4.8　二次撞击、扩大损失

扩大损失是指保险事故发生后，有的保户为了获得高额的保险赔偿，故意扩大损失程度，导致一些本来可以制止的事件发生。有时候，保户的汽车确实发生了碰撞，但基于种种考虑，向保险公司最终报案时的事故车却有可能最终被扩大了损失。这些原因主要有：

第一，投保车辆碰撞程度偏轻，不值得索赔，车主自行决定或修理厂建议进行二次碰撞。

第二，投保的车辆以前出现过不属于保险索赔范围的损伤，但与本次事故造成的损伤无法连成一体，车主自主或修理厂建议通过再撞加大损失，使其连成一体。

第三，发生交通事故后，双方已经“私了”，无责一方拿到对方赔款后不想再拿出来修车，通过再碰撞制造假现场，一同修好已经获赔了的损失。

第四，有时事故责任比较明确，双方也“私了”了。可保险公司不承认，实在无计可施，只好让修理厂帮忙再撞一次，向保险公司报案时谎称是车主不小心撞的。

第五，车主将车送到修理厂保养或者进行小的事故维修，不法经营业户设法留下车主身份证、行驶证、保险单等，等车主走后，将车再次碰撞，扩大损失。

第六，车主与汽车修理厂联手，共同扩大事故损失，双方得益。

骗保案之所以频繁发生在修理厂，主要是修车利润的诱惑。

对修理厂来说，车损部位越大，获得的利润也越大。他们采用的主要手法有：利用保险公司工作人员不肯自行评估的机会，多估车辆损失；维修人员利用他人正在维修的车辆制造事故，以求“两方受损三方受益”——保险公司、车主受损而修理厂、负责制造撞车事故的修理工、保险公司理赔人员受益！

一般来说，车主骗保和修理厂骗保的比例大概是3∶7。大多数修理厂都是背着车主对受损车辆“动手脚”的，因为他们怕车主不能接受自己的车子被再次撞击，加重损伤。日渐增多的“保险小额诈骗”事件，引人关注。

【案例5-9】 李先生的车门不小心被撞凹了，把车送到了修理厂，签好索赔委托书，应要求留下驾驶证、行驶证、身份证、保险单后离去。第二天，李先生出外办事回单位时正好经过该厂，却发现他汽车的前盖已被砸得破烂不堪。后向保险公司查询，才知道修理厂以他的名义索赔了数千元的保险赔款。

5.4.9 移花接木、混淆视听

“移花接木”进行造假的行为包括以下3个方面：无证驾车或酒后驾车，事故发生后，找人顶替驾驶人；正常维修的车辆，被换上损坏了的旧件，然后假冒是原车损坏件向保险公司索赔；一辆已经定损、索赔了的车，被换上另外一辆车的牌照后，再次索赔等。

【案例5-10】 2008年1月17日00∶02分，某保险公司接到保案：被保险人李明所持有的皮卡，由李伟驾驶在一县乡路上撞到人后掉到河里。

查勘人员接到保险公司的查勘调度后，立即开展了询问调查，李伟说：“是我开的车，撞死了两个人，汽车损伤严重”。第二天，在医院对生还人员进行调查询问时，伤员陈述与报案内容大体一致，但言辞闪烁、神情慌张，加上报案时间距出险时间长达13个多小时，凭经验判断应该有疑点。经及时与交警队协调，提取了案件材料，有效防止了人为因素导致的事实扭曲。

原来，李小明才是本次发生事故车辆的真正驾驶人，可惜他没有驾照，而且是酒后驾驶。当时由于雾大，车速偏快，在拐弯时滑入路边水沟，根本就没有撞到人，属于单方事故。皮载货汽车上共计坐了五人，车滑入路边水沟之后当即淹死两人，所以死者不是第三者，而就是本车的车上人员，遗憾的是该车没入车上人员责任险，只入了第三者责任险，车主李明为了让他的保险发挥最大效益，竟向保险公司慌称撞死两人。掌握关键证据后，保险公司下达了拒赔通知书。

5.4.10 内外勾结、狼狈为奸

有时候，车主并未投保的汽车，会在出险后投保；车主损失很小的故障，会被有意夸大；车主进厂修理的汽车，会被无端开到大街发生交通事故。这些问题，可能都与保险公司个别工作人员密切相关！

【案例5-11】 顾小姐价值30多万元的新车上牌不久就在路上发生了刮蹭，后尾箱被刮伤，维修厂报价1000元修好。顾小姐通知保险员后，把车开进了保险公司推荐的维修厂。当天晚上，她接到GPS指挥中心电话，称其车正被人“非法操作”。“如果开车的人没有输入GPS密码，这个系统就会报警，莫非汽修厂把车开出去了?”当晚12点多，她和朋友赶到汽修厂后，发现自己的车旧伤未去又添新伤，车身后部被严重撞坏。经查问，维修工承认当晚将车开出，与保险公司的一位业务员联手“做现场”，两人在路上将车撞坏后报警，并通知保险公司到现场查勘。

5.4.11 以次充好、牟取暴利

有些车主为了图省事，委托维修厂代向保险公司索赔修理

费用，但维修厂接到客户的受损车辆后，用较低档的材料为客户修理，却以高档材料的价格向保险公司索赔，这样不同档次的材料费用差价就被维修厂“吃掉”。

5.4.12 一次出险、重复索赔

重复保险原本是指投保人就同一保险标的、同一保险利益，同一保险责任分别向两个或两个以上保险公司订立保险合同的一种保险。在汽车保险理赔中，常见的一险多赔诈骗案有三种类型：

第一，一次事故多险索赔。如车辆造成货损后，投保人可能会选择在车上货物责任险和货物运输险项下同时索赔。

第二，一次事故向多个保险人索赔。这属于重复投保。进行重复保险时不将保险金额和超过保险价值的情况通知各保险人，待保险事故发生后，又持各保险人签发的保单分别索赔，以获取多重保险赔款。由于重复保险多是蓄谋已久，且隐蔽性极高，再加上各保险公司之间信息不交流，所以欺诈成功率较高。

第三，在一次事故中，先由事故责任者给予赔偿然后再向保险公司索赔。这种骗案，数额一般不大，但在日常生活中却最常见。出险原因都是被别人追尾或被别人所撞后第三方负事故责任，在第三方已给予赔偿的情况下，再到保险公司谎称自己倒车所撞进行骗赔。所以对单方事故，尤其对车辆尾部损坏的单方事故进行现场查勘时要特别注意。

5.4.13 改变用途、事后索赔

不同使用性质的汽车，往往对应着不同的风险，因而保费标准也不相同。假如被保险人改变了所投保汽车的用途，应该及时通知保险人，以便重新厘定保费标准。假如没有通知保险人，一般认为被保险人失去了保险利益。

5.4.14 几种情况下发生道德风险的形式

5.4.14.1 施救中的道德风险主要形式

(1) 未遇险而“施救”。
(2) 虚构或者虚报施救费。
(3) 与施救方合谋提高施救费。
(4) 不当施救。
(5) 名曰施救，实乃故意损毁。
(6) 名曰施救，实乃抢劫。

5.4.14.2 医疗审核中的道德风险主要形式

(1) 区别交警的人情调解、息事调解与合理调解。
(2) 混淆车上人员与第三者。
(3) 虚报因车祸而受伤。
(4) 虚报抚养、赡养人。
(5) 用药不当，医院故意夸大费用。
(6) 混淆费用界限。
(7) 治疗创伤的同时治疗既往（原有的慢性病）疾病。
(8) 伪造、变造的有关证明，如：虚假病例、诊断书；误工证明上伪造医生签名。

5.4.14.3 物损时的道德风险主要形式

(1) 故意造成车载物、三者物损毁。
(2) 被盗、被抢。
(3) 虚构损失（虚无、藏匿、自然损耗、丢失、动物流产）。
(4) 夸大损失程度。
(5) 夸大实际价值。

5.5 汽车保险欺诈的预防

对于汽车保险欺诈的防范，包括进行保险欺诈的对策研究和追究保险欺诈者的法律责任两个方面。后者是一种对保险违法行为的事后处理，而前者则是一种事前防范，两者相辅相成。保险作骗犯罪的预防是一项系统工程，需要全社会各有关方面提高认识，密切配合，切实采取有力措施，堵塞漏洞，消除各种诱发犯罪因素，抑制诈骗案件的发生。

5.5.1 宏观防范

宏观防范覆盖面广，其主体相当广泛，包括国家和各类社会权威机关。

5.5.1.1 提高认识，不能将欺诈作为一种微小失常而忽视

保险欺诈之所以能频繁发生，主要原因还是公众对保险的认识问题，许多人认为自己的保险到期之后没有获得赔付，吃亏了，想方设法获得额外利益。

正确的社会舆论导向对遏制欺诈很有成效。有关部门应把工作重点放在改变人们的观念上，使保单持有者在头脑中形成一个“保险欺诈是一种非常错误行为”的认识。这样一项庞大的教育工作需要保险行业牵头进行，需要保险公司之间加强交流与合作，需要保险界、司法界、新闻界以及社会其他阶层共同提高认识，给予充分重视。

5.5.1.2 司法界、新闻界协助保险界搞好预防

首先，保险界在遭遇保险欺诈时，要及时请求司法界协助，及时向新闻界通报相关宣传信息。其次，国家的公检法机构应忠实履行职责，认真查处各类保险诈骗案件，坚决打击犯罪分子。在办理各类保险诈骗案时，及时将保险诈骗的状况、动态

及预防经验以各类司法建议书的形式通知保险机构，以便其及时调整和改进防范措施。各类出险的损失证明机关（包括公证机关）在证明过程中，应认真调查研究，严格审查，力求证明事项客观、真实、准确、合法，避免因证明失实而导致保险机构被骗。再次，新闻界可以有选择地把一些典型保险诈骗案的破获及判决结果予以报道。这不仅是一种有说服力的教育，而且还会对一些潜在的犯罪人产生震慑作用。

5.5.1.3 利用新技术、共享各种信息

在保险欺诈案中，那些惯犯们往往在一次得手后，会连续作案，而且其欺诈行为都经过精心策划，手段狡猾、隐蔽，不易被发现。但这类欺诈行为的表现形式及欺诈手段都十分相似，只是所欺诈的保险人不同而已。以前各保险人之间缺乏联系，一个保险人掌握的欺诈者及其欺诈行为特征的信息不能被其他保险人知悉，致使这类欺诈行为屡屡得手。因此，建立一个反保险欺诈中心，收集有关信息，使保险人共享信息，加强保险人之间的联系与协作，使之能够及时发现以相似手段进行的保险欺诈，将有效防范保险欺诈的发生，降低欺诈行为所造成的损失。澳大利亚、加拿大、德国、意大利、爱尔兰、挪威、英国和美国等都有这样的组织，并且运作得相当成功。目前，我国还未成立该类专门组织。这种有组织地同保险诈骗作斗争的运作模式，值得发展中的中国商业保险业学习和借鉴。

5.5.1.4 加强行业监管，规范市场行为

规范市场行为，首先需要保险监管部门加强规范化管理，加大监管和打击力度，坚决制止并惩治不正当的竞争行为。其次需要各保险公司加强自律，树立良好的行业、企业形象。

5.5.2 微观防范

微观防范是针对犯罪行为的具体防范，作为主体是保险公

司。需采取的措施有：

5.5.2.1 严格贯彻执行《保险法》及其他法律的有关规定

现行保险立法中，对保险欺诈已有不少具体规定，它们是预防保险欺诈的重要武器。保险公司工作人员首先应认真学习《保险法》及有关法律，领会其精神实质，正确掌握各项法律规定。其次，当投保人、被保险人或者受益人实施保险欺诈行为时，保险人应理直气壮地依据有关法律维护自己的合法权益，并积极向有关部门检举、揭发，要求对欺诈者予以行政或刑事处罚。

5.5.2.2 完善保险条款，剔除欺诈责任

通过制定保单除外责任条款或限制承保范围，进行责任限制，以尽量减少或剔除可能会有道德风险的部分，进行风险控制。但是，目前我国许多保险条款均没有列明保险欺诈是除外责任，仅仅是在除外责任中笼统地规定被保险人的故意行为造成的损失，保险人不负赔偿责任。显然，这样的规定没有包含保险欺诈的全部内容。在保险实务中，有时欺诈行为的实施并不是投保人、被保险人或受益人，而纯粹是第三者。为了更好地防止保险欺诈行为的发生，应将保险欺诈作为除外责任在保险条款中列明。

5.5.2.3 转变经营观念，加强内部监控

首先，应进一步端正指导思想，转变经营观念，增强风险意识，努力提高认识、分析风险的能力，自觉克服“重业务承保，轻风险防范；重速度发展，轻质量管理”的不良作风。

其次，加强监督队伍建设，强化监察、审计部门的职能。

5.5.2.4 加强风险评估，提高承保质量

加强风险评估，提高承保质量，是防止保险欺诈发生的第

一道防线，也是保险公司比其他任何时候都有利于分辨良莠的机会。因此，当投保人提出投保申请后，保险人应严格审查申请书所填内容和与保险标的有关的各种证明材料。必要时，应对保险标的进行详细调查，以避免保险欺诈的发生。

5.5.2.5 建立科学的理赔程序，提高理赔人员素质

理赔是保险经营中的重要环节，建立科学的理赔程序，提高理赔人员素质，对防止保险欺诈的发生有着举足轻重的作用。搞好理赔，须做到以下3点：

（1）承保、理赔相分离，建立专门的、高水平的理赔队伍。条件具备的保险公司，还可借助专业代理人或求助专家理赔小组。经验表明，专业代理公司和专家理赔小组更有利于提高承保和理赔质量，提高工作效率，降低相关成本。因他们与保险公司相比，有充足的时间、充足的资金、丰富的资料和相应记录，可进行更为深入的调查。

（2）现场查勘，严格审查。保险公司在接到投保人、被保险人或受益人关于保险事故发生的通知后，应尽快进行现场查勘，弄清保险事故发生的原因和损失情况，对保险金请求人所提交的有关单证，要仔细审查是否齐全、属实。

查勘中，最好能列一张“欺诈标志”明细，它会对各类业务作出勾勒，对检查保险欺诈是否在策划或实施过程中，也可早些提供线索。明细一般包括以下内容：

①投保金额与标的实际价值。假如属于老旧车型，投保金额明显超过了实际价值，应该重点考虑是否存在欺诈嫌疑。

②索赔时间选择。发生在承保有效期起止日两周之内的案件，应该重点注意是否存在道德风险。

③是否有欺诈记录。对于保险公司、警方“似乎熟悉”的人，应重点防范。

④财务及经营状况。对于陷入债务危机或营运不佳的企业及个人，所发生的车辆莫名其妙地被烧毁案件，就值得怀疑。

⑤损失前后的行为。在欺诈案件中，损失前后保户都会有不同程度的可疑行为，如急迫投保、令人怀疑的早期索赔、声称文字资料的全部损失、拒绝与警方或保险公司积极合作等。

（3）建立核赔制度，实行理赔监督。保险公司各级理赔人员必须严格依照规定程序和权限进行理赔，每一起理赔案件都必须经过主管领导或上级公司审批，必要时还要经过专家论证；同时，要实行责任追究制度，一旦发现问题，不仅要追究当事人责任，还要追究有关领导责任，切实做到有法必依、有章必循、从严治理。

5.5.2.6 对查勘定损人员实施“拒赔奖励”制度

绝大多数的汽车保险欺诈，是由查勘定损人员识别的。除了对这部分人员进行思想教育外，还可以推行“拒赔奖励”制度。每当他们拒绝一起案例时，可以按照“从案”、“从值”、“从案从值”三种模式进行奖励，其中，“从案从值”模式是指在每件拒赔案例给予定额奖励的基础上，再根据拒赔额的高低给予比例奖励。

5.5.2.7 委托专业机构，从事索赔调查

保险公司遇到了保险欺诈案件，一般应向公安机关报案。但是，公安机关面对社会各个领域，案件多如牛毛，有些案件很难得到及时处理。商务调查机构和信息咨询公司在社会事务及案件调查上有着丰富的阅历和经验，通过这些机构的帮助、支持，在一定程度上可以弥补这方面的不足。

5.5.2.8 建立风险客户“黑名单”

风险客户“黑名单”的设立，将对欺诈者起到威慑作用，从而保障广大车主的利益。另外，在车险条款中设立无赔款优待规定，使车主更加重视自己的出险和信用记录。对信誉不佳的代理人、修理厂提高警惕，必要时予以清理。

5.5.3 规避来自汽车修理厂的保险欺诈

汽车发生事故后，总要通过汽车修理厂去“恢复至事故发生前的状态”。但是，个别汽车修理厂在利益驱动下，会想方设法谋取不当利益，如：扩大、夸大汽车损失程度；将一些本应该修复的零部件故意说成是无法修复；夸大修理作业量等。为了有效规避来自汽车修理厂的道德风险，可以采取以下措施。

5.5.3.1 车主自行索赔

目前，许多规模较大的汽车4S店、汽车修理厂都在代办汽车保险，同时也代车主办理向保险公司索赔的事宜。有个别汽车修理厂，等车主将微小损坏的汽车交给他们以后，却再故意碰撞汽车，扩大损坏程度，并以扩大了损坏程度的汽车向保险公司索赔。如果实行车主自行索赔制度，可以有效避免这一现象的发生。

5.5.3.2 定损人员掌握汽车维修工艺，并了解当地维修情况

一些塑料保险杠的局部破损、前照灯的划磨、铝合金发动机机舱盖的变形、风窗玻璃裂纹等，许多汽车修理厂明明拥有维修的能力，也故意说是无法修复，只能更换。这就需要定损人员了解当地的汽车维修情况，知道在哪个修理厂可以进行相关维修。

5.5.3.3 尽量减少维修换件时的道德风险

（1）尽量减少“待查项目”。一些从事故车上拆下来的零件，用肉眼和经验一时无法判断其是否受损、是否达到需要更换的程度，如转向节、悬架臂、副梁等，在这种情况下，定损人员一般将其作为“待查项目”。

为了抵御道德风险，应该认真检验车辆上可能受损的零部

件，尽量减少“待查项目”。例如，发电机在受碰撞后经常会造成散热叶轮、皮带轮变形，它们变形后旋转时，很容易产生发电机轴弯的错觉。实际上，轴到底弯没弯、径向跳动量是多少，只要做一个小小的试验即可，用一根细金属丝，一端固定在发电机机身上，另一端弯曲后指向发电机前端轴心，旋转发电机，观察金属丝一端与轴心的间隙变化，即发电机轴的径向跳动量，弯曲程度一目了然。用这种方法，可解决空调压缩机、转向助力泵、水泵等类似问题。

（2）拍照备查。对于暂时无法确定损坏程度，确实需要待查的零件，查勘定损人员要在其上做记号，并拍照备查，同时告知被保险人和承修的汽车修理厂。一旦对方在维修时进行了更换，应拿出做了记号的零件作证。

（3）参与验收。车辆初步修理后，保险公司的理赔定损人员，必须参与对“待查项目”的检验、调试、确认等全过程。例如，转向节待查，汽车经过初步的车身修理后，安装上悬架等零部件后做四轮定位检验，假如四轮定位检验不合格，并超过调整极限，修理厂会提出要求更换转向节，于是保险公司的理赔定损人员一般也会同意更换转向节。至于更换转向节后四轮定位检验是否合格，是否是汽车车身校正不到位等其他原因，保险公司的理赔定损人员往往不再深究。实际上，四轮定位检验不合格可能是车身校正不到位等其他原因引起的，无需更换转向节。

（4）取走损坏件。如果“待查项目”确实损坏需要更换，保险公司的理赔人员必须将做有记号的“待查项目”零件从汽车修理厂带回。以免汽车修理厂将原本完好的“待查项目”零件留待下一次修理时更换使用。

用上述方法解决“待查项目”的问题，汽车修理厂将无法获得额外利益，遵循了财产保险的补偿原则，最大限度地杜绝了“待查项目”中的道德风险。

5.5.4 几种容易出现保险欺诈的出险现场

5.5.4.1 改变车辆使用性质的出险现场

是指被保险人改变了被保险车辆的使用性质，将被保险车辆用于保险合同中规定以外的用途，增加了保险车辆的危险程度，并发生了事故及造成了损失的现场。主要形式有：非营运车辆用于营运活动；客车用于货物运输活动；货车用于载客等。

（1）法律责任。被保险人及驾驶人违反了《保险法》第三十七条，《道路交通安全法》第四十九条、第五十条的规定。

（2）现场常见现象。

标的车多为货车、轻型客车等小型民用车；

客车载货的，通常座位已被拆除；

驾驶人多为个体运载人员或外地人员；

驾驶人对乘客的基本情况、姓名等不太了解。

（3）现场询问提纲。

A. 载货汽车：

发生事故时，你驾车在执行什么任务？是谁派你执行该项任务的？

汽车运载的是什么货物？货主是谁？

这批货是何时、何地装车？目的地是哪里？

你和货主是什么关系？

运输这批货物，可以收取多少运费？

你是通过什么方式来收取运费？

B. 载人汽车：

你认识被保险人×××吗？你与他是什么关系？

发生事故时，你驾车执行什么任务？是谁派你执行该项任务的？

车上坐的都是什么人？共有几个人？

车上的乘客是何时何地上的车？目的地是哪里？

车上乘客与你分别是什么关系?

他们坐车，需交纳多少车费?已经交费了吗?

(4) 案例

【案例5-12】 2005年3月，某企业与一家商贸中心签订协议，将其购买的一辆大客车出租给商贸中心。2006年6月，企业为该车向保险公司投保了为期一年的机动车辆保险。同年8月4日，商贸中心聘用的驾驶人驾驶该车时翻入沟中，造成重大交通事故。经交通管理部门认定，发生事故是由于驾驶人驾驶不当，责任完全由驾驶人承担。企业向保险公司提出理赔申请，而保险公司以对方投保时未将车辆已出租的情况如实告知，企业的行为违反了保险法的规定，作出了拒赔的决定。

法院经审理认为，企业将车辆出租改变了车辆的使用性质，增加了车辆的危险程度。因此，法院判决驳回企业的诉讼请求。

5.5.4.2 被保险人失去保险利益后的标的车出险现场

这是指在保险合同有效期内，因将保险车辆转卖、转让、赠送他人等，导致被保险人对保险标的不再享有法律承认的利益，也不再因保险标的的损坏而遭受任何经济损失，而被保险人未将标的车保险利益同时转让，或未经保险公司批改的标的车在新产权所有人使用时发生事故并造成损失的现场。

(1) 法律责任。根据《保险法》第三十四条规定，保险人不承担责任。

(2) 现场常见现象。

标的车驾驶人对车主和被保险人的情况不太了解;

行驶证上所记载的车主可能已经更该，但与保单上行驶证车主的姓名不同。

(3) 询问提纲。

该车车主是谁?你与车主是何关系?

车主住哪里？房子是什么布局的？他的妻子（丈夫）、女儿（儿子）叫什么名字？

该车被保险人是谁？你与被保险人是何关系？

被保险人住哪里？房子是什么布局的？他的妻子（丈夫）、女儿（儿子）叫什么名字？

该车原行驶证上的车主是谁？

你是何时何地取得该车所有权的？

你是以多少价钱买得该车的？

当时有无签定相关的车辆转让协议书？

被保险人是否将该车保险单随车一起转让给你？你们到保险公司办理过批改手续吗？

（4）案例。

【案例5-13】 孙女士于2006年10月15日从许先生处购买捷达二手车一辆，并办理了过户手续。该车已由许先生投保。保险期限自2006年3月3日至2007年3月2日。2006年10月15日、11月18日，该车两次发生交通事故，孙女士均持许先生身份证办理了保险索赔。2007年2月12日，该车再次发生交通事故，保险公司以孙女士未办理被保险人变更手续为由拒赔。

孙女士认为保险公司在前两次理赔时，已经知道了车主变更的既成事实，车辆的买卖双方虽无书面变更车辆的被保险人，但保险公司的理赔行为表明双方存在事实上的保险合同关系，故起诉。保险公司辩称，保险人是与被保险人许先生签订了保险合同，孙女士既不是保险合同的被保险人，在车辆转卖后，被保险人也未依合同约定以书面形式通知保险人办理合同批改，前两次的理赔属于不当理赔，并不能成为这次理赔的依据。因此，保险人对此次保险事故不予赔偿。

法院审理后认为原告孙女士购买二手车后，没有按照原保险合同的约定办理被保险人变更手续，不是被保险人。与被告之间无保险合同关系，不是保险合同的相对方，无权依保险合同要求被告赔偿。

5.5.4.3 未经检验合格的车辆出险现场

是指投保人将未经检验合格的车辆向保险公司投保，或在保险有效期内，保险车辆的检验合格届满，被保险人没有再对车辆安全技术条件进行检验合格却继续使用标的车，致使保险合同失效后发生事故并造成损失的现场。

（1）法律责任。被保险人违反了《道路交通安全法》第十三条及相关保险条款。

（2）常见现象。

出险车多为残旧老款车型；

外地车较多；

行驶证上没有当年年检记录，或年检记录为私自刻章盖制的。

（3）现场询问提纲。

你驾驶这辆车多久了？

这辆车最近维修保养过吗？

这辆车每年都是何时进行年检啊？

该车今年是否到车辆检测部门进行过例行检测？哪天去的？

该车今年是否到车管所进行过年检？哪天去的？

发生事故前，你感觉这辆车的车况如何？

（4）案例。

【案例 5-14】 一车主丢失了自己的私家车，由于该车购买了全车盗抢险，就去找保险公司索赔，未果。起诉到法院，败诉。

保险公司的拒赔理由是：事发后到车管所查询，发现此车未年检。由于保险合同只对合格的车辆生效，对于未年检的车辆只能视为不合格车辆。对于不合格的车辆，保险不发生其保障作用。

5.5.4.4　违反装载规定车辆出险现场

是指保险车辆违反了国家或行业有关装载规定载货，或超过车辆行驶证上核定的人数载人，增加了保险车辆的危险程度，并发生事故及造成巨大损失的现场。

(1) 法律责任。被保险人及驾驶人违反《保险法》第三十七条规定，《道路交通安全法》第四十八条、第四十九条、第五十条、第五十一条规定。

(2) 现场常见现象。

标的车多为大型拖车、长途货运车及轻型客车、小型客运车等，在客运高峰期大型客车也常见超载现象；

现场留下的制动拖印非常明显，拖印长而且宽；

事故车车身下沉，轮毂发热，转向系统及制动系统可能出现故障；

货车运载着质量较重或体积宽大的货物；

货运车辆有架厚钢板弹簧或者轮胎加大现象；

客运车辆出险现场常见伤亡现象，在现场的乘客会较多。

(3) 现场询问提纲。

A. 对驾货车超载驾驶人的询问：

发生事故时，标的车在执行什么任务？

是谁派你去执行这次任务的？

车上装载的是什么货物？货主是谁？

车上装载的货物，是用什么包装的？

是谁装的货？装货时你在场吗？

这辆车是何时、何地装货启运的？目的地是哪里？

货物总共有多少件？每件多重？(便于计算总重)

你驾驶的汽车，车上除所运货物外，还载运了几个人（如果是货车运客，则要问清楚乘车人的姓名、身份、地址等；如果有人货混装现象，则要问明坐与货物一起坐的人员数量、姓名等)？

请将该批货物的清单和运货凭证提供给我们（假如对方拒绝，则要强调这对理赔非常重要，必须提供的），好吗？

你认识被保险人×××吗？你与他是何种关系？

B. 对驾客车超载驾驶人的询问：

发生事故时标的车在执行什么任务？

该车是何时、从何地出发？到哪里去？

是谁派你去执行这次任务的？

车上坐的都是什么人？（如果是超员运输，要问清楚乘车人的姓名、身份、地址等）

他们与你分别是什么关系？他们都是在哪里上的车？

车上共有多少乘客？他们分别坐在哪个座位？请在图上标示出来他们的坐位可以吗？

你认识被保险人×××吗？你与他是何种关系？

（4）案例。

【案例5-15】 陈先生过年走亲戚，离开时已是夜深人静，马路上连出租车都难看见，便让亲戚们搭乘自己的私家车，6个人挤一挤，顺便送他们回家。路上不幸撞到路边栏杆，由于当时车速较快，车内众人顿时前俯后仰，几乎每个人都有擦伤，甚至有人还骨折。立刻向保险公司报案，并询问现场定损员，受伤亲戚们的医疗费用能否以车上人员责任险进行理赔，可被告知难以理赔。理由在于陈先生的汽车超载。

众所周知，汽车超载货物、人员，会导致汽车制动迟缓等其他危险状况，使汽车处于不安全行驶状态，容易导致追尾等事故。陈先生的普桑车最多载客人数为5个人，实载7人，明显超载。根据车险条款规定，保险车辆装载要符合规定，即无论是货物还是坐车人数，都要符合汽车安全行驶的标准，否则保险公司将有权拒赔。同时，由于超载，车辆损失保险公司也恕难理赔。

5.5.4.5　酒后驾车的出险现场

是指驾驶人在饮酒后驾驶保险车辆发生事故造成损失的现场。

(1) 法律责任。被保险人及驾驶人违反了《保险法》第三十七条,《道路交通安全法》第二十二条。

(2) 现场常见现象

车辆经常占道行驶、逆向行驶或在道路上不规则行驶等;

事故现象以追尾碰撞居多，碰撞护栏和路边固定物体的单方事故也时有发生;

道路现场留下的制动拖印较短或根本没有制动拖印;

车辆损害程度一般较重;

驾驶人呈现出饮酒后的特征;

驾驶人以及前排乘员伤亡情况比较常见。

(3) 现场询问提纲

请你陈述一下事故发生的详细经过，好吗?

你认为是什么原因造成了本次事故的发生?

发生事故时这辆车在执行什么样的具体任务?

这辆车是何时、何地出发?

这辆车要到哪里去啊?

发生事故前你们是否用过餐?

你们是在哪里用的餐? 用餐时，一共有几个人啊?

你们吃了什么饭菜? 是否饮过酒? 都有哪几个人喝酒了?

你认识被保险人×××吗? 他住哪里? 房子是什么布局的? 他的妻子(丈夫)、女儿(儿子)叫什么名字?

你与被保险人是什么关系? (如果属于借车，则要了解清楚借车的详细经过)

(4) 案例。

【案例5-16】　某保险公司接到保户的报案称：一辆宝马BMW 528iA客车，于2007年2月5日15：40分由杨××驾驶,在避让对面来车时将电线杆撞断（图见光盘中的案例5-16）。

接到报案后，查勘人员迅速到达现场，经仔细查勘现场，碰撞情况应该属实。但对现场进行认真分析以及对事发时的驾驶人杨××询问之后，发现存在以下疑点：

第一，驾驶人杨××是于五年前考取的驾驶证，驾龄较长，但事故现场未发现制动痕迹。

第二，标的车前玻璃破碎，但驾驶人却未毫发未伤，头脑非常清醒。

第三，驾驶人称当时的车速为40～50公里/小时，但车的实际受损程度与所称车速不吻合。

第四，报案时称当时车上为两人，但另外一位乘客却始终联系不上。

第五，驾驶人杨××讲述事情发生经过时含糊不清，与理不通。

鉴于以上疑点，加之车型高档、损失较大，保险公司请求当地刑警大队协助调查。经过四天调查，杨××不得不承认是他人酒后驾驶造成的本次事故，他是被要求前来顶替的。被保险人放弃了对本案的索赔，为保险公司挽回经济损失10万余元。

【案例5-17】 3月19日凌晨1：30分左右，保险公司接到报案，一辆捷达轿车由刘建驾驶在一城市路段发生事故，撞到了路中间的隔离带上（图见光盘中的案例5-17）。

查勘员迅速赶到现场，发现车主刘强已经醉得不成样子。查勘员马上意识到此案背后可能存在酒后驾驶调包的嫌疑。但交警已经出具了由刘建驾驶该车发生事故的事故责任认定书。

查勘员根据自己的判断，当场对刘建、刘强分别进行讯问笔录。发现两人的说法很不一致，便于第二天将此案移交大案组。大案组了解到刘建早年丧父，是母亲将其抚养成人。他已结婚生子，与母亲生活在一起，家庭幸福。于是，大案组人员以珍惜家庭、孝敬母亲等话语对其发起心理攻势。果然，刘建的心理防线被攻破，说出了事故真相：刘强酒后驾车出险后，打电话让刘建前来“顶包”。事后，刘强与刘建一同来到保险公司，在拒赔通知书上签字确认，放弃了2万元的索赔。

【案例5-18】 3月12上午10：30，某保险公司接到报案：被保险人王永持有的江铃越野车于3月11日00：30由其本人驾驶在市内道路行驶，因对方车灯晃眼，看不清路面而撞到了信号灯杆，标的车前部致损（图5-2），信号灯杆有损，驾驶人受伤。

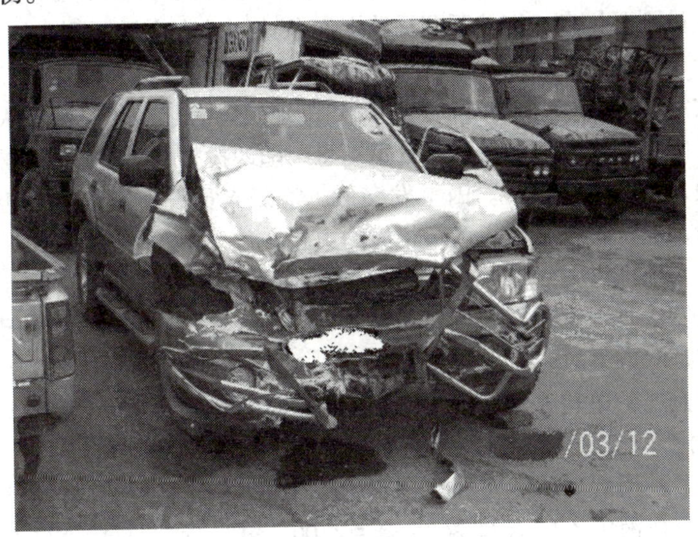

图5-2　碰撞致损的江铃越野车

查勘员在报案当日前往停车厂查看标的车。开车门时，闻到有酒精气味，感觉此事故可能存在酒后驾驶嫌疑，将标的车拍照后，立即向经理汇报。经理立即安排医疗核损人员与查勘员一道前往医院了解伤者伤情及出险情况。

在医院，被保险人意识清醒，经了解得知：出险当日被保险人从外地朋友家中驾标的车返回，当行至市内一路段时，因前方有车辆迎面驶来，受车灯照射，看不清路况撞到了路中央的红绿灯立杆上，造成事故。当问及是否饮酒时，回答出险当晚并未饮酒，但言辞闪烁，表情及眼神不自然。问其外地朋友姓名、电话号码时，被保险人只告诉说叫孟林，电话号码因手机没电无法查找。至此，调查人员感到再进行询问已无意义，在安慰伤者后告别。走出病房，找到接诊的医生进行了解，医生只介绍了伤者病情，对于其他方面避而不答。

在出险现场，发现被保险人所叙述的损坏了的信号灯杆其实没有任何损失。在事故现场周边走访，找到当时发现被保险人的一施工工地了解到：大约在3月11日23：30分，工地值班人员刚要休息，突然听到马路上有急速制动声之后听到碰撞声，像是两辆汽车相撞的声音，因时间较晚值班人员未出门查看，大约过了2~3个小时，突然听到工地门口有求救声，值班人员开门看到伤者血流满面，奄奄一息，随即拨打120及122将被保险人送往医院救治。因事发突然，值班人员没注意伤者是否饮酒，但肯定是听到了两车相撞的声音。

根据以上线索，调查人员又前往交警队取证，了解到：事故发生时因无现场目击证人，查勘结论还没有最终结果，但应该是双方事故，对方车辆已逃逸；交警赶到现场时曾给驾驶人抽血准备送检，血样已送至检验中心，但结果需一周后才能确定。

一周后，调查人员经过努力终于取得了驾驶人血样检验报告：血液中乙醇含量为73毫克/100毫升，属于酒后驾驶。据此，保险公司向被保险人下达了拒赔通知，拒赔金额3.8万元。

5.5.4.6 虚构驾车肇事经历，顶替肇事驾驶人承担责任的现场

是指无证驾驶或酒后驾驶被保险车辆的驾驶人在保险车辆发生事故后，找有合法驾驶资格或其他人员顶替其承担责任及处理事故的现场。

（1）法律责任。被保险人及驾驶人有可能违反了《道路交通安全法》第十九条、第二十二条、二十四条的规定。

（2）现场常见现象。

事故多为酒后驾车或无证驾驶所引发；

事故现场的特点与酒后驾车及无证驾驶所引发的事故特点及其相似；

驾驶人不能清楚说明汽车的启程、经过路线；

驾驶人不能清楚描述事故经过；

驾驶人对车主及被保险人的情况不太清楚；

驾驶人对车内物体存放及车上乘客乘坐位置不太清楚。

（3）现场询问提纲。

事故发生时，你驾车执行什么任务？

该车是一辆什么具体型号的车辆？

该车车况如何？

该车最近是否进行过维修？

该车最近是否办理过年检？

该车是何时购买的保险？都买了哪些险种？

该车最近一次办理的保险索赔是何时？索赔了多少？

该车车主是谁？被保险人是谁？

你与车主是何种关系？

你认识被保险人×××吗？你与他是何种关系？

该车今天为何由你驾驶？

你驾驶该车多长时间了？平时该车由谁驾驶？

请你说一下发生事故的详细经过？（何时从何地到哪里？干何事？车上做了几个人？车上做的都是什么人？他们分别坐在哪个位置？车速及车辆损失情况等）

（4）案例。

【案例5-19】 2007年9月16日（星期天）9：30，某公司接到报案，由其承保的一辆飞度，在山东淄博直行时撞到了前面的车，造成本车驾驶人刘薇及本车乘客赵秋果受伤，其中刘薇受伤较重（事后被确定为八级伤残）。

查勘人员赶到事故现场，进行了仔细查勘，但因伤者被及时转移到了医院，无法进行现场调查。后来又到医院、交警队进行调查，力图全面、详细地了解事故的整个过程。

随着调查的进行，疑点渐渐显露：

第一，报案所称的驾驶人刘薇，受伤较重，但现场查勘却发现车的右侧碰撞严重，而且里面血迹较多，与她的伤情吻合；而驾驶人侧变形不大，里面也没有血迹，损坏情况与报案所称坐在右侧的赵秋果受伤情况吻合。

第二，询问受伤乘客赵秋果，他连同车乘客刘薇的基本情况也说不清楚，只知道她姓刘。

第三，受伤较重的刘薇对车非常熟悉。

第四，医院记录的入院治疗伤者名为张雪婷，跟报案所称的刘薇不符。

第五，所提交的交警认定书无日期落款。

针对这些疑点，查勘人员首先带着保户提供的应该是由交警出具的责任认定书去交警队认定，结果证实是伪造。面对调查结果，车主刘薇不得不承认：她与赵秋果原本不认识，只是网友相约见面；赵秋果无驾照，但那天却要求开车，属无证驾驶，结果发生了严重的追尾碰撞；坐在副驾驶位的她，受伤严重，被送到医院后，赵秋果因不知道其具体姓名，以自己知道的一个“张雪婷”为她挂了号；面对交警开具的不利于索赔的责任认定书，赵秋果想出了伪造的主意。

最后，保险公司向被保险人出具了拒赔通知书。

5.5.4.7 不是被保险人允许的驾驶人驾车出险的现场

是指驾驶人在未征得被保险人允许的情况上驾驶被保险车辆发生事故并造成损失的现场。

（1）法律责任。被保险人及驾驶人违反了保险合同相关条款，保险人不承担第三者责任保险的责任，保险人对标的车损坏的损失赔偿后可能有条件行使代位追偿权。

（2）常见现象。

①驾驶人对车主及被保险人的情况不太了解，可能刻意隐

瞒车的来历；

②驾驶人可能隐瞒驾车执行什么任务；

③驾驶人可能隐瞒发生事故以及造成损失的现场。

（3）现场询问提纲。

该车车主是谁？你与车主是何关系？他住哪里？房子是什么布局的？他的妻子（丈夫）、女儿（儿子）叫什么名字？

该车被保险人是谁？你与被保险人是何关系？他住哪里？房子是什么布局的？他的妻子（丈夫）、女儿（儿子）叫什么名字？

该车今天为何由你驾驶？

被保险人知不知道你驾驶该车？他现在在哪里？

你驾驶该车是否经过了车主同意？他在哪里同意的？他是何时同意的？他是以什么方式同意的？

你驾驶该车发生事故时在执行什么任务？

（4）案例。

【案例5-20】　车主赵先生驾驶自己的捷达车于2008年国庆节期间外出旅游，没想到在路途被劫。他马上向警方报案，并通知了保险公司。一天之后，警方通知他去认领车辆。原来，盗贼劫走汽车之后，由于驾技不佳，撞了对面开来的一辆红旗轿车，导致两车严重损坏，小偷逃走，警方认定捷达负全责。赵先生考虑自己的汽车投保了交强险、第三者责任险、盗抢险等，马上向保险公司申请理赔，但却被拒赔。原因在于属于被盗期间发生事故造成的第三者损失，根据条款属于免赔范围。

5.5.4.8　标的车进厂修理期间出险现场

是指被保险人或车辆的使用人将被保险车辆送至修理厂维护修理期间，修理厂人员及相关人员驾驶该车发生事故并造成重大损失的现场。

（1）法律责任。根据保险合同，标的车进厂修理期间发生事故造成的损失保险人不承担责任。

（2）现场常见现象。

驾驶人多为修理厂的工作人员；

除了现场碰撞痕迹外，还有其他修理期间出现的特征或者二次碰撞发生的痕迹；

驾驶人可能刻意隐瞒修车事实。

（3）现场询问提纲。

该车车主是谁？你与车主是何关系？他住哪里？房子是什么布局的？他的妻子（丈夫）、女儿（儿子）叫什么名字？

该车被保险人是谁？你与被保险人是何关系？他住哪里？房子是什么布局的？他的妻子（丈夫）、女儿（儿子）叫什么名字？

该车为何由你驾驶？车主允许你驾驶该车出厂吗？

该车是什么原因送厂维修的？该车是何时进厂维修的？

该次事故发生前，该车修理情况怎样了？当时的维修费用预计是多少？

（4）案例。

【案例5-21】 张先生的车门不小心被撞凹了一小块，为了省时间，他在附近找了一家维修厂进行维修。两天后去取车，看到凹下去的部位已修好，便开车走了。但在倒车时，张先生发现车内光线十分强烈，觉得不妥，因为此前他给车玻璃加过膜，光线不会太强。带着疑问，他把车开到了该车的4S店进行检测，结果发现，车的后风窗玻璃已被换过，更没有加膜，张先生这才知道自己的车在那家修理厂被做了手脚。

【案例5-22】 报案称，一辆桑塔纳2000轿车，于3月7日19：40由赵永驾驶时，因躲避三轮车而碰到了电线杆，致使车的左前部受损（图见光盘中的案例5-22）。

查勘人员在进行现场查勘时，发现车的左前部受损痕迹和电线杆的被碰撞痕迹明显不符，具体表现在：

第一，标的车左前部受损较重，但电线杆上却无任何碰撞痕迹。

第二，标的车除了正面受损外，左前部及左前角灯也受损，而该部件与电线杆根本无法接触，且左前雾灯仅为固定爪断裂，灯罩无损，不符合碰撞的实际情况。

第三，标的驾驶人曾经在以往的索赔案中出现过，当时自称为那起案件中车主的表哥，疑似修理厂的工作人员。

基于以上种种疑点，查勘人员展开了周密的调查、详细的询问，终于搞清楚了修理厂人员造假索赔的真相，使得索赔者自行放弃了请求。

【案例5-23】 某保险公司在接受一起汽车修理厂代车主索赔吉利汽车的案件时，发现存在诸多疑点（图见光盘中的案例5-23）：

第一，该车前保险杠几乎被撞断，但其内的骨架却完好无损，不符合碰撞的规律。

第二，该车前照灯玻璃没有破碎，但划痕严重，而且边缘部分有磨损。

第三，相邻两块板件，存在一块有损坏，一块完好的奇异现象，不可能是碰撞所致。

第四，车内的固定螺钉有明显的新松动痕迹，应该是更换配件所致。

基于以上疑点，查勘人员立即与车主取得联系，结果车主根本不知道自己的汽车发生了碰撞，而且导致了保险杠、前照灯等处的损坏，他只是将车开到修理厂去做例行保养的。

5.5.4.9　人为故意制造假事故的现场

是指被保险人或其他人员在被保险车辆没有发生保险事故的情况下，人为故意制造事故，并造成损失的现场。

（1）法律责任。行为人违反了《刑法》第一百九十八条的规定及《保险法》第二十八条规定，可能构成犯罪，保险公司依法不承担责任。

（2）现场常见现象。

车辆多为老款残旧或损坏严重；

车型多为进口车型、高档车型；

事故发生时间多为深夜和凌晨时分；

事故地点多为偏避少人的道路及空地；

事故现场附近停有无关车辆；

驾驶人多为有多年驾龄的驾驶人；

驾驶人故意表现出急躁情绪；

驾驶人对事故经过很难描述清楚或虚构情节；

事故中很少有人员受伤；

双方事故存在相互揽责和推卸责任的情况；

事故道路上很少有制动拖印；

车损部位和痕迹不太吻合，地上车身残片往往不能拼凑成型；

有气囊爆裂现象，但却无异味，气囊接头也有异常；

离碰撞部位较远的部位也有损伤；

车上的关键零部件有缺失现象；

事故车身上往往有旧的痕迹和锈迹，或有现场不存在的漆印；

标的车一般有不止一处的碰撞损伤；

标的车的碰撞损伤与被撞物体不能完全吻合；

标的车的损伤无法在机理上解释与本次事故的关系。

(3) 现场询问提纲。

驾驶人的身份（驾驶证、身份证、行驶证)？

车主及被保险人的姓名等自然情况？

你与车主×××是何种关系？

你与被保险人×××是何种关系？

该车是何时买的？多少钱买的？

该车是何时买的保险？买的什么险种？

该车今天为何由你驾驶？

你是何时、自何地启程的？

你要驾车去哪里？

你这次驾车执行什么任务？

事故发生时，车上坐了几个人？分别是谁？

事故发生前，车速是多少？

是什么原因导致了这次事故的发生？

发生事故前，你采取了何种措施？

请你说明一下事故发生时造成的车辆损坏部位？

（4）案例。

【案例5-24】　福克斯轿车车主报案称：自己驾车于4月21日11：30左右一市内路段碰撞了花坛，导致损坏（图见光盘中的案例5-24），请求理赔。接到报案后，查勘人员迅速赶到了现场。

到达现场后，根据查勘现场，发现福克斯轿车后部的变形情况与花坛碰撞的痕迹明显不符，对事故的真相产生了怀疑。于是，开始仔细询问，详细了解车主开车来此的目的、碰撞的过程等，最后，客户承受不住询问的压力，主动放弃了索赔。本案挽回损失3200余元。

【案例5-25】　4月18日20：30左右，被保险人报案称汽车在路口躲车时，撞到了限宽石上，导致损坏（图见光盘中的案例5-25）。

查勘人员接到查勘调度后马上和被保险人取得了联系，得知事故车仍在现场，便马上赶往。到达现场后，驾驶人已离开，有一年轻人在，自称是其子。追问驾驶人下落时，称因其头晕，便替父亲拦了出租车去了医院。拍完现场照片后，查勘人员感觉现场碰撞痕迹有值得怀疑的地方，便跟在现场的那位相关人一起驱车去医院寻找驾驶人。可是，医院并未接诊这位驾驶人。此时，查勘人员感觉疑点更大了。此时，随同而来的那位当事人，佯装给表哥打电话，询问其父下落。可是，此时他的电话却突然铃声响起，说明其并未拨通电话。至此，案情已基本明了。以此为突破口，展开询问，结果对方无法自圆其说，最终被拒赔。拒赔金额约为1500元。

【案例5-26】 某保险公司接到报案称：公司承保的奔驰车在2007年11月9日6时左右，天还没有亮时，在济南的外环高速路上，自己驾车以大约40公里/小时的速度撞到了路中间的金属隔离带上，造成汽车右前照灯、右前小灯、水箱、发动机罩、保险杠、右前翼子板、装饰条等处的损坏，估计损失金额在4万元左右（图见光盘中的案例5-26）。

查勘人员根据现场查勘结果分析：

第一，该起事故因碰撞造成的损坏不重，碰撞速度肯定应该在5公里/小时以下。

第二，事发时间在路上车辆不多的黎明时分，值得怀疑。

第三，事发地点在高速路上，属于查勘人员可能无法去的地段，而这次，查勘人员买票上路进行了现场查勘。

第四，轻度损坏的右前照灯属于旧灯，玻璃已经泛黄，右前翼子板也有划痕，而左前前照灯则属于更焕不久的新灯。似乎有通过碰撞达到更换零部件的嫌疑。

根据以上迹象，查勘人员进行了细致的调查、耐心的说服，最终使得驾驶人主动放弃了索赔。

【案例5-27】 报案称，12月11日21：00，一辆桑塔纳在某市外环路上与前方顺行的一辆凯越追尾，致使凯越撞到了隔离墩上，导致标的车轻微受损，第三者车严重受损（图见光盘中的案例5-27）。

接到调度后，查勘人员在十分钟内赶到了事故现场，临近到达现场时，客户打电话问还需多长时间才能到达。查勘人员故意没告诉客户具体到达时间，而是说还需约半小时，让其耐心等待。查勘人员到达现场后，看到有一辆拖车在现场，本想拦下拖车，但对方发现查勘车辆后，掉头走了。

另外，交警已对此案处理完毕并出具了责任认定书，判定标的车方负全责。对此，查勘员感到一丝疑问，感觉交警在这么短的时间内赶到现场并处理完毕是非常神速的。带着这个疑问，查勘员与交警进行了沟通，原来事故地点距交警事故科很近，所以交警可以在第一时间赶到现场。

在对双方当事人进行问询时，发现双方驾驶人均无饮酒迹象，询问三者驾驶人当时的情况时，声称他当时以60公里/小时的速度正常行驶，被后面的车追尾后失控撞到隔离墩上。查勘员对现场痕迹进行了细致查看，发现三者车与隔离墩碰撞痕迹完全吻合，但标的车与三者车的碰撞部位损失程度较轻，但也未发现明显不合理之处，于是在联系救援车对双方车辆进行施救后便离开了现场。

但查勘员离开不到15分钟，救援人员便打来电话，说他们已经赶到事故地点，但事故双方的车辆均已离开，无车可救了。查勘员再与当事人联系时，双方驾驶人都已关闭手机。这就使一起看似正常的案件马上呈现出疑点。带着疑问，查勘人员又回到现场仔细查勘，发现其所撞隔离墩有1吨多重，而隔离墩的底部是三角形的，一般撞击力很难将其移位，但现场遗留物却证实碰撞痕迹是相符的。可是，事故双方驾驶人为何会迅速离开而且同时选择关机呢？他们之间是否事先认识？两车碰撞痕迹那么轻，第三者车的损失为什么会那么大呢？

带着这些疑问，查勘员第二天一早第三次来到事故现场观察现场全貌，发现碰撞痕迹虽然吻合，但怎么也想象不出第三者车在不碰警示栏杆的情况下直接撞击到隔离墩的，这不符合正常车辆的移动痕迹。经与驾驶人联系，查勘人员发现了更大的疑点，那就是事故双方的车辆已经拖到了同一修理厂，似乎此案有双方当事人相互勾结做案骗赔的嫌疑。

为揭开疑团，保险公司重新安排了调查。首先通知当事人将车辆拖到公司定损点，以确定两车碰撞痕迹是否相符，并向当事人再次了解情况；其次到交警队再次了解案情及落实第三者车辆的保险情况。调查发现：第一，第三者车是在另外一家保险公司投的保，之前出了3次小事故，本次事故第三者并未向该公司报案且驾驶人并非前3次事故的驾驶人；第二，车辆拖到定损点后，查勘人员发现两车碰撞点处被“精心加工”，变的更加吻合了。这些情况使调查人员认识到该起事故是精心策划的，他们所面对的很可能是一个专吃“保险”的专业骗赔群体，应该对其予以打击。

下午，双方驾驶人终于再次露面了，一见面都很冲动，恨不得要动手打架。在询问标的车驾驶人时，没有一丝破绽，就连其陈述的发生事故前由外地回来时所行驶的路线都是没有收费站的，这就让无法让查勘人员让其提供过路证明。第三者车驾驶人是一位二十出头的小伙子，对提出的问题回答流利，但当问到车主情况及电话时，他顿时紧张起来，说车主是他的表姐，但不知道其电话，接着以打电话为由出去了，再也没有回来。此时标的车驾驶人拿着交警的证明不断向查勘人员施加压力，称当天若不能确定车辆损失，第二天就要投诉。

在拿不到确凿证据的情况下，调查人员将此案的突破点选择在两人事先是否有联系上，想到了调取两人通话记录。

第二天，一位自称被保险人单位“办公室主任”的人与标的车驾驶人来到保险公司，施加压力，要求当场给予答复并催促对事故车辆定损。调查人员一面稳住“办公室主任”的情绪，一面通过检察院在电信部门调取了双方当事人的通话记录，发现标的车与第三者车的两位驾驶人在发生事故前后频繁通话。取到这个证据后，调查人员并没有急于向当事人摆出，而是再次确认标的车驾驶人是否认识第三者车驾驶人，当事人矢口否认，称即不认识，也未联系过。当双方在问询笔录上签字后，将通话记录摆了出来，驾驶人当场不知所措，那位“办公室主任”也不再说话。抓住这个机会，保险公司立即向当事人下达了拒赔通知书，挽回经济损失 5 万余元。

【案例 5-28】 12 月 20 日 20：00，一辆别克在盘山公路与前方停放路边的一辆标致 505 相撞，致使标的车右前部受损，第三者车翻入山下 30 米深的沟内，导致基本报废（图见光盘中的案例 5-28）。

查勘人员感觉本案可能有问题，原因是：第一，事发路段的路况决定了车速应该不会太快，不至于发生这么严重的事故；第二，第三者车在拉住手制动的情况下，不应该被这么小的撞击力撞入坑里（根据标的车受损情况，判断撞击力不大）；第三，出险时间较晚、地点偏僻；第四，第三者车为老旧车型；第五，驾驶人不是车主本人；第六，第三者车被撞入深沟时驾驶人不在车上。因此，此案不排除不法分子利用老旧车型骗赔的嫌疑。

第二天，查勘员与当事人联系时，当事人电话一直无人接听，令人起疑。一直到下午，当事人才露面并提供了“标的车负全责，承担两车修车费”的事故责任认定书。

当事人在回答“走这条路干什么去”时，称是从外地本市，而去外地是为了看生病的父亲，并称父亲在某医院住院。得知这一情况，调查人员马上与外地分公司联系，让其协助到所称的医院调查是否确有此事。一个多小时后，外地分公司反馈信息说所称的医院并没有接诊当事人所说的这位病人。

另外，其他调查人员已经再次赶到事故现场，发现出险地点为盘山路，两边都有防撞隔离墩，唯独第三者车掉入沟中的位置没有隔离墩。第三者车为什么会停在这个缺失隔离墩的地方呢？

从第三者车来看，标致505是20世纪90年代中期就已经停产的车型，其配件在市场上几乎绝迹，维修成本较高。查看车内，挡位挂在二挡，线束凌乱，没有仪表、没有备胎、四个轮胎的花纹已经磨平。

由此判断，该起案件是不法分子故意让车辆翻入深沟燃烧报废，但却未达到预期效果。应该是一起利用老旧车型进行骗赔的典型案例。

针对驾驶人未履行如实告知义务，保险公司对该案做出了拒赔处理，以试探被保险人的反应。当得知要拒赔时，被保险人拿出交警证明进行理论，又叫来第三者车车主及一帮社会人员共同威胁查勘人员。但面对一个个疑问，被保险人无法自圆其说，不得不接受了拒赔的事实，放弃4万余元的索赔要求。

【案例5-29】 7月7日0：37，一辆外地车辆在本市市区一偏僻路段发生交通事故，车主刘斌撞倒了一位手提摄像机横穿马路的行人，行人受伤，摄像机摔坏（图见光盘中的案例5-29）。接到外地公司要求协助查勘的请求后，查勘人员立即赶赴事故现场。发现交警正在测量距离，当事人只有车主刘斌一人，路边放着一部撞坏的摄像机。经与交警沟通，得知发生事故时标的车内共有两人，另外一人陪同伤者去了医院。

7月7日上午，查勘员同车主刘斌来到交警事故科，当地物价部门已经作出鉴定：摄像机原价118000元，扣除折旧、残值后，价值53800元。面对这份明显偏高的价格认定书，理赔人员立即通知车主刘斌提出复议。

经仔细分析，感觉此案疑点很大：这么晚的时间，一个人拿着“昂贵”的摄像机在城市偏僻的路段横穿马路，可能存在着“碰瓷”现象。

7月7日下午，刘斌带着第三者来到保险公司处理索赔事宜。对方是本市一位20多岁的小伙子，名叫章波。调查人员分别对两人做询问笔录，进一步了解事故经过。刘斌称事故发生时车上的另外一人叫孔虎。询问章波时，他不够冷静，不仅不正面回答问题，还在公司大厅内拍桌砸凳，打翻纸杯，踢倒垃圾桶，辱骂理赔人员，一副气急败坏、刁钻蛮横的模样。作为外地人的车主刘斌更是被吓得不敢吭声。此时，调查人员初步认定所谓的第三者章波便是“碰瓷”人，刘斌是受害者，鼓励刘斌不要害怕，一切通过交警处理。

7月8日上午，刘斌再次来到保险公司，带来了事故责任认定书、价格鉴定书、赔偿调解书、赔偿凭证以及受害人章波的误工证明、门诊病历等材料，向第三者章波支付5.4万余元赔偿金的收条。这一举动引起了调查人员的怀疑，迅速决定将该案移交公安机关调查。

此案在证据材料少，办案难度大的情况下，公安机关以第三者章波的手机号作为突破口，调取了有关人员事发前后一个月的通话清单。在上千条的通话记录中，整理汇总了一部分联系比较频繁的电话号码，经过筛选，最终确定了六个嫌疑电话，发现事发当晚刘斌车内的另一位乘员孔虎与受害人章波频繁联系，此案真相开始浮出水面。

公安机关经过调取了刘斌、章波、孔虎的资料，发现章波为刑满释放人员，反侦查能力较强，不容易直接突破。于是将目标锁定为孔虎。孔虎在这次案件中充当联络员的角色，作案经过最为清楚，但找寻多日，不见下落，如何找到孔虎成为本案的关键。在无法找到孔虎的情况下，公安机关经过周密部署，让公司通知已回老家的刘斌同孔虎一同来公司办理索赔事宜。

8月1日，刘斌同孔虎终于露面，调查人员问孔虎是否认识章波时，孔虎称不认识。此时，在隔壁屋守候的侦察员立即将二人带到公安机关进行调查，在铁一样的证据以及侦察员的强大攻势下，刘斌、孔虎慑于法律的尊严，低下了头，交待了犯罪事实。

原来，刘斌想通过保险弄点钱花，便找到在本市开出租车的朋友孔虎，孔虎又找到同是出租车驾驶人的朋友章波，三人便合谋了这起保险诈骗案。第二天，章波到公安机关投案自首，并对那天过激的行为向理赔人员道歉。

【案例5-30】 某保险公司承保的一辆2001款帕萨特轿车，于4月17日20时左右发生了交通事故。

查勘时发现：第一，主、副气囊均已释放，但副气囊袋面有陈旧性污物，其连接线有熔着现象。第二，前保险杠及保险杠骨架碰撞损坏且骨架左支撑受力较大右侧较轻，发动机舱盖、冷凝器变形，前中网等破损。第三，发动机及变速器后移，其连接支承座（架）受损。第四，发动机曲轴皮带轮轮缘上有明显旋转摩擦痕迹（图见光盘中的案例5-30）。

根据以上情况分析：首先，根据前保险杠内骨架碰撞受损情况以及碰撞时车辆停放的状态，说明保险杠骨架碰撞痕迹是一次性形成。其次，根据第一现场照片资料和查勘时情况，结合气囊释放后的状态、清洁度及其连接线状况，说明副气囊为陈旧性释放。根据 2001 款帕萨特汽车安全气囊系统的结构特点，只要满足了气囊释放条件，主、副气囊会同时释放的。

因此，该车保险杠内骨架碰撞为一次性碰撞形成，气囊释放则非本次事故造成。

【案例 5-31】 一辆别克车的车主，于 4 月 15 号 22 时左右报案称，自己开车倒车时撞到了墙上，导致车损，要求理赔（图见光盘中的案例 5-31）。

查勘人员接到调度后半小时赶到现场，发现墙上有碰撞过的痕迹，但地面上散落的碎片却很少。经查勘，发现汽车的前保险杠、前照灯、翼子板、前保险杠右支架、雾灯、吸能杠、空滤器总成、左前纵梁均有程度不同的损坏。

查勘人员当场向被保险人询问事故经过，被保险人强调车损均为这一次事故造成的，而且反复强调自己要到维修站去维修，不希望保险公司给自己推荐修理厂。

根据碰撞痕迹分析：虽然车损部分有新的碰撞致损痕迹，但大多属于陈旧性的损伤，而且存在根本不可能在倒车时发生碰撞的前部致损。查勘人员当场予以拒赔。拒赔金额约为 3500 元。

5.5.4.10 无驾驶证或年审过期后驾车出险的现场

是指无车辆管理部门核发的合格驾驶证件的驾驶人，或有驾驶证但没有经必要年审的驾驶人驾驶被保险车辆发生事故，并造成重大损失的现场。

（1）法律责任。被保险人及驾驶人违反了《保险法》第三十七条规定及《道路交通安全法》第二十三条、第二十九条。

（2）现场常见现象。

事故现场比较异常，不象是正常驾驶人驾驶车辆的迹象；

驾驶人表情紧张；

驾驶人可能谎称没有带驾驶证；

驾驶证上没有当年年审记录；

(3) 现场询问提纲。

请出示你的驾驶证？

你的驾驶证是何时考的？在哪里考的？教练员是谁？

你驾驶证的准驾车型是什么？

你的驾驶证一般何时年审？

你的驾驶证今年为何没有年审？

(4) 案例。

【案例 5-32】 2008 年 1 月 12 日，经车主王女士许可，辛某驾其轿车外出时发生事故。王女士向保险公司索赔 18 万余元。5 月 9 日，王女士收到保险公司的拒赔通知书。随即将保险公司告上法庭。

法院审理查明：双方签订的保险合同合法有效。合同第五条明确规定，驾驶人持审验不合格的驾驶证或未经公安交通管理部门同意，持未审验的驾驶证驾车，不论任何原因造成的损失或经济赔偿责任，保险公司均不负责赔偿。辛某所持驾驶证审验合格期至 2007 年 12 月，属于非有效驾驶证，由她驾驶的机动车出险，无论是否属于车主同意，保险公司都可以免除赔偿责任。

附录　机动车辆保险相关法律法规目录

序号	法律法规名称	实施时间
1	《中华人民共和国保险法》	1995年10月1日 2003年1月1日（修订版）
2	《中华人民共和国道路交通安全法》	2004年5月1日 2008年5月1日（修订版）
3	《中华人民共和国道路交通安全法实施条例》	2004年5月1日
4	《机动车交通事故责任强制保险条例》	2006年7月1日
5	《最高人民法院关于审理人身损害赔偿案件适用法律若干问题的解释》	2004年5月1日
6	《最高人民法院关于确定民事侵权精神损害赔偿责任若干问题的解释》	2001年3月10日
7	《道路交通事故受伤人员伤残评定》	2002年3月11日
8	《交通事故处理程序规定》	2004年5月1日
9	《机动车驾驶证申领和使用规定》【公安部第91号令】	2007年4月1日
10	《机动车交通事故责任强制保险条款》	2006年7月1日
11	《机动车商业保险行业基本条款》（A款）（B款）（C款）	2007年4月1日
12	《汽车报废标准》（1997年修订）	1997年7月15日
13	《关于调整轻型载货汽车报废标准的通知》	1998年7月7日
14	《关于调整汽车报废标准若干规定的通知》	2000年12月18日

注：具体内容见光盘。

参考文献

[1] 李景芝，赵长利．汽车保险与理赔［M］．北京：国防工业出版社，2007.

[2] 李景芝，赵长利．汽车保险理赔［M］．北京：机械工业出版社，2008.

[3] 张晓明，欧阳鲁生．机动车辆保险定损员培训教程［M］．北京：首都经济贸易大学出版社，2007.

[4] 王云鹏，鹿应荣．车辆保险与理赔［M］．北京：机械工业出版社，2005.

[5] 王灵犀，王伟．机动车辆保险与理赔实务［M］．北京：人民交通出版社，2004.

[6] 张庆洪，何清堃．机动车辆保险［M］．北京：机械工业出版社，2006.

[7] 梁军．汽车保险与理赔［M］．北京：人民交通出版社，2005.

[8] 周延礼．机动车辆保险理论与实务［M］．北京：中国金融出版社，2001.

[9] 贾海茂．机动车辆保险案例评析［M］．北京：知识出版社，2002.

[10] 张俊红．机动车辆保险理赔鉴定与工时价格定额计算及反欺诈实务全书［M］．北京：当代中国音像出版社，2004.

[11] 王永盛，车险理赔查勘与定损［M］．北京：机械工业出版社，2006.

[12] 刘森．汽车表面修复技术［M］．北京：金盾出版社，2002.

[13] (美) R. 舒尔夫，R. J 柏奎特．汽车车身表面修复[M]．冯桑，关燕明，杨宵．北京：机械工业出版社，1998.

[14] 刘炤，杨华柏，郭左践．机动车交通事故责任强制保险条例释义［M］．北京：法律出版社，2006.

[15] 徐毅刚，道路交通事故处理新论［M］．济南：山东人民出版社，2005.
[16] 梁国财，杨金成，事故车辆定损技术基础［M］．西安：陕西科学技术出版社，2006.
[17] 曾娟．机动车辆保险与理赔［M］．北京：电子工业出版社，2005.